燭光下的歷史

楊興安 著

中華書局

自序

楊興安

《燭光下的歷史》可說是我的讀史筆記。我愛讀歷史，尤其是中國歷史。但聽老人家說，正史中很多記述都是假的，野史中大多記述都是真的，把我弄得胡塗了。後來讀小說，知道許多敍事都是事假情真，故事是虛構的，亦有移花接木的寫法，半真半假，卻往往滲透出人間真摯的感情，令人讚賞、崇敬，甚而仰天長歎。無論怎樣，這都是人世間雪泥鴻爪的痕跡。何不就中遊目騁懷呢？

讀《史記．項羽本紀》，可興可怨，可歌可泣，令人神馳沉醉。其實回心一想，對項羽言行，司馬遷何以能繪聲繪影，猶如處其身旁？這是文學文筆的功力！司馬光的《資治通鑑》，文筆精煉，無敦穆腐儒酸氣，用詞潔美高華，但內容亦載傳聞。兩者均不失典範地位。因而本書也記載一點傳聞，還好附言説明是傳聞，信受與否，由讀者自行判斷好了。

燭光點點，豈能與太陽正大光芒相比？惟太陽雖然至大至光明，卻有許多轉折暗角照映不到，燭光卻能把個中情況顯示出來。所以燭光雖然微弱，總還有點價值。

本書不少篇章曾在網頁「灼見名家」網頁刊出，聽説反響還不錯。內中取材其實是隨意的，原來還是集中古史文化和帝王成敗系列。例如軒轅黃帝與蚩尤篇，史書對蚩尤族在中華文化上的貢獻鮮有言及。李淵其實害怕及猜忌二兒李世民，崇禎殺袁崇煥是怕袁搶去他的江山，這些觀點都與前人不同。漢唐朝代的科學成就，張居正治國氣魄成績，北魏馮太后祖孫對中華文教的貢獻均少人提及，以至近代學者衞聚賢的博學和坎坷，是值得提及和同情的。

本人更希望小小的筆記，能掀起後學讀歷史的興趣。所有歷史，不過興亡兩個字。且引元曲一闕作為這篇序言的結語：

秦宮漢闕，都做了衰草牛羊野，不恁漁樵無話說。

縱荒墳，橫斷碑，不辨龍蛇。

——《秋思》馬致遠

感言——《燭光下的歷史》讀後

黃晨曦

二十一世紀的今天回望歷史，在這數千年的長河之中淘盡了多少風流人物！帝王，將相，生命的燭光，一生一滅之間，延續了整條歷史長河，照耀着整個中華大地。

有不少學者從正史野史考究歷史，並以不同的方式，竭力將歷史真正的臉孔呈現在讀者面前。有以幽默風趣講述歷史；也有電視節目的「百家講壇」，以生動有趣的方式，類似説書人般訴説着歷史人物。但一般歷史書籍多是十分嚴肅，使讀者難以吸收。自從在「灼見名家」閱讀楊老師的歷史文章後，即感到耳目一新。如筆下「大是大非袁世凱」完全顛倒世人對袁世凱的反派印象。楊老師從袁的出身、際遇、雄才偉略等方面分析，令讀者能更全面地認識這位背負着百年污名的人物。而恰恰相反的一代君王崇禎，被譽為明代聖君，卻源於性格缺點與心魔害死赤膽忠心的名將袁崇煥。

帝王篇章如漢武帝、唐太宗、永樂大帝等，楊老師並沒有直述他們的功過，反而是根據每位帝王不同特色來分析研究。漢武帝作為中華文化的奠基者之一，致力推廣儒家學問，卻內實重法，賤視臣下生命，接近麻木不仁的程度，文中以不少事跡寫出當年漢武帝管制下的情景，當中雖説饒富趣味，卻突出時代的荒唐景象。而永樂大帝則從他主要貢獻出發——遷都北京，修《永樂大典》，下西洋。每一個功業都渲染着血腥的氣味而帶來成就。古今的光芒，在楊老師的筆下，將各個君王的人性發揮淋漓盡致。

五百年一遇的政治家——張居正，成就一代武將戚繼光及「千古治黃第一人」潘季馴。張居正面對朝廷上的攻擊，以比貪官更貪，比奸臣更奸的手段穩着朝廷上的地位，為百姓為國家做實事，而下場又是何其悲慘！楊老師正正從張居正與嘉靖的恩怨説起。從私到公，以不同的角度，從多面人性去探討名臣與帝王之間恩怨，每個情節都描寫得絲絲入扣，令讀者不得不慨歎當中的因果。

讀歷史，即讀人生。燭光下的歷史，讓讀者不但能更深入及全面地瞭解歷史，更是瞭解人性。世人常問在這時代中何去何從？倒不如做一點微塵，靜觀世事萬物流轉，或更能留着一顆真摯的心。

二〇一八年秋

目錄

第三篇　中國古代科學成就

第四篇　鮮卑英主孝文帝

第五篇　天可汗唐太宗

第九篇　崇禎帝與袁崇煥的恩怨

第十篇　太平天國驟興驟亡

第十一篇　洪承疇難評忠奸功過

第一篇

探索遠古南方文化

第一章 軒轅黃帝與蚩尤文化

從生產力而言，南方苗民九黎集團已進入農耕社會，而北方黃帝集團尚處遊牧狀態。蚩尤是南方部族領袖，曾率領族人東進與東夷集團會合，或戰或和，從中壯大勢力。這時黃帝集團與炎帝集團結合而由陝西東進，二者相遇，互相爭雄而無可避免一番激戰，結果蚩尤族戰敗，黃帝成了天下的共主。

中國人口最多的漢族，原來是漢代以後才有此稱號。漢代以前，認為正統的民族稱「華夏」。中國一詞，最初是指城市國家的京城，《詩經．民勞》有「惠此中國」一語。最早出現華夏一詞的是《左傳》，有「裔不謀夏，夷不亂華」。中華一詞則在魏晉時出現，有人以中國和華夏撮稱「中華」以代表中國，但多從文化角度而言，中華文化元祖是軒轅黃帝。

炎黃子孫與軒轅黃帝

軒轅黃帝距今多少年呢？《春秋命曆序》說天地開闢至春秋獲麟之歲，凡二百二十六萬年。緯書說中國有二百二十七萬六千年歷史。民國元年大街小巷都貼着「黃帝紀元四千六百零九年」的告示（顧頡剛《古史辯》自序），意思黃帝距今（二〇一九）四千七百一十七年。孔子時代古籍未有說及黃帝，帝主最早是禹，西周已見述及，出現於《商頌》，春秋末年堯舜才出現，始見於《尚書》。黃帝是陝西西部領袖，所以秦祀黃帝，到秦靈公祭黃帝，黃帝便在堯舜之前，後來成為帝統元祖。

我們自稱炎黃子孫，而非黃炎子孫，可見炎帝的共尊地位比黃帝更早。事實上，炎帝是南方部族的領袖，黃帝是北方部族的領袖。許多古史更認為炎帝便是神農氏，神農氏便是炎帝。古史學家根據古籍的整理，炎帝下傳七代，至榆罔方為黃帝取代共主地位。

相傳黃帝與炎帝曾戰於阪泉，黃帝戰勝收服炎帝而成炎黃共祖。由此觀之，炎帝實非指某一人，而是南方部族領袖的通稱。此外，有人亦認為蚩尤是炎帝。其實，蚩尤乃是南方炎帝其中一族裔，肯定並非傳說中的炎帝，古史都載蚩尤與黃帝三次大戰於涿鹿，無論從神話角度或實際推敲，戰況都非常淒厲慘烈。最後黃帝在極艱辛中才取得勝利，而蚩尤的下場則十分悲慘。若蚩尤是炎帝，眾多古史便不會分別寫出阪泉之戰和涿鹿之戰。

黃帝敗蚩尤後，前後五十二戰而天下服。黃帝定天下後開創中華文明，也可以說人類萬世師，開創最有系統的文明生活。軒轅黃帝最著名的是發明指南車。此外，史書說帝命史官蒼頡造文字，臣子大橈作甲子，容成作周天曆，隸首定度量，伶倫作呂律，揮作弓，夷牟造矢，岐伯作鼓。帝又作宮室，製金刀，立五幣，建城鎮。元妃嫘祖教民育蠶取絲以供衣服……等等。好像一夜之間，石器時代的初民，一下子變作衣冠文物的部族。以今日眼光看來，古史所載恐有誇張失實之處，唯此中世代相傳觀念，極少惹起懷疑。

黃帝與蚩尤之戰

古史對黃帝的對頭人蚩尤的描述不多，《周逸書》說：「命赤帝分正二卿，命蚩尤於宇少昊，以臨四方……蚩尤乃逐帝，爭於涿鹿之河，九隅無遺。赤帝大懾，乃說於黃帝，執蚩尤，殺之中冀。」這是說蚩尤到了東夷少昊地盤，蚩尤攻打侵佔少昊，少昊向黃帝求救，結果黃帝殺了蚩尤。《通鑑續編》說：「蚩尤姓姜，炎帝之裔也。好兵作亂，作刀戟大弩暴虐於天下。兼併諸侯，貪欲無度。」《五帝本紀》說：「諸侯相侵伐，暴虐百姓……於是軒轅乃習用干戈，以征不享。諸侯咸來賓從，而蚩尤最暴，莫能伐。」典籍同是說蚩尤暴虐，千古首位罪人，實應被黃帝征討。但而今觀之，其實是兩大集團擴張，互相牴觸，不得不一戰以決雌雄。今日翻讀這段歷史，黃帝征服萬邦，何嘗不是「兼併諸侯，貪欲無度」？史書所載，不過是成王敗寇的一番說話。

黃帝與蚩尤涿鹿之戰，《山海經．大荒北經》說：「蚩尤作兵伐黃帝，黃帝乃命應龍攻之冀州之野。應龍蓄水，蚩尤請風伯雨師，縱大風雨。黃帝乃下天女曰魃，雨止。遂殺蚩尤。」黃帝殺蚩尤手法極殘忍，分屍八塊。亦有說此乃巫術上需要，因迷信使之不能再興風作浪。

蚩尤死後，尚有故事。《太平御覽．龍魚河圖》有載：「蚩尤歿後，天下復擾亂不寧，黃帝遂畫蚩尤象以威天下，天下謂蚩尤不死，八方殄服。」何以戰勝者要借助戰敗者畫像「以威天下」？以今觀之，其實是蚩尤部族極愛戴其領袖，不相信戰敗仍赴死作戰。黃帝只好借助對手畫像，宣傳蚩尤已歸附，遂「八方殄服」，不再對抗作戰。《史記》說「蚩尤作亂，不用帝命，於是黃帝乃征師諸侯，與蚩尤戰於涿鹿之野，遂擒殺蚩尤，而諸侯尊軒轅為天子，代神農氏」。明顯指出黃帝殺了蚩尤才為天子（共主），掌控天下。軒轅黃帝是中華文化的元祖，中華民族稱為炎黃子孫。黃帝地位尊崇，因而許多人便忽略炎帝的地位，更輕視黃帝的對手蚩尤的地位和文化上的貢獻。

南方農耕文明發達

今日科學發達，古墓又連連出土，不少失傳古籍和古代器物得以重見天日，從古物考據佐證，使我們對這段歷史該有一個更新的認識。早於黃帝文明，近代國人都認為是有巢氏、燧人氏、伏羲氏和神農氏。許多史家都認為神農氏等同炎帝。神農氏起於南方，不過這點為許多人忽略。我們知道神農氏嘗百草，北方黃河流域，植物叢生當無南方長江流域之盛，故神農氏起於南方，殆無疑問。史家又炎黃二帝並稱，炎帝先於黃帝。文明種子之揚播，更顯出其實自南傳至北。

今試從社會發展角度探討：南方文化發展何以先於北方呢？人類要擁有文明，一定要有安居習俗。先民安居的首要條件是農業發達，糧食供應充足，多年來糧食要有穩定的盈餘。從考古學上可知，冰河時期退卻之後，巴比侖雙子河流域美索不達美亞平原的土壤和氣候最適宜耕種，也是最先出現人類農作物的地方。所謂農作物，乃指人類刻意栽培的農產品，這與野生植物大大不同。科學證明人類最早的農作物是雙子河流域的小麥，巴比侖人懂得種小麥，比埃及人還早，所以其文化發展，亦早於歷史悠久的埃及。

何謂中國的南方呢？由來已久，我們認為黃河南岸及黃河之南便是南方。一九八八年湖南北部澧縣大坪鄉孟平彭頭山遺址，挖出距今九千年的稻子。從稻穀形態上看，有野生與栽培雙重性狀。在發現古稻穀的湖南還發現干欄式房屋和玉製的禮器，顯然易見當地已踏上文明的梯階。一九九五年湖南道縣玉蟾巖遺址發現世界上最古遠栽培的稻，距今約一萬四千年至一萬八千年。浙江餘姚河姆渡文化遺址中亦有七千年歷史，於是有近人提出，長江文明比黃河文明更古老（錢定平著《蚩尤猜想》第四章，上海古籍出版社）。需要順帶一提的，湖南便是與黃帝抗衡為敵的蚩尤的家鄉。

蚩尤文化燦爛

在四五千年前，中華大地各部族共有三大集團。一是黃河中上游的軒轅黃帝集團，一是位在東方較近海的東夷（九夷）集團，又一是南方長江中下游苗民九黎集團。從生產力而言，南方苗民九黎集團已進入農耕社會，而北方黃帝集團尚處遊牧狀態。蚩尤是南方部族領袖，曾率領族人東進與東夷集團會合，或戰或和，從中壯大勢力。這時與炎帝結合由陝西東進的黃帝集團相遇，互相爭雄而無可避免一番激戰，結果蚩尤族戰敗，黃帝成了天下的共主。據說此後黃帝子孫稱為百姓，蚩尤子孫則稱為黎民，合稱黎民百姓。另說戰勝黃帝部族對戰敗九黎手段殘酷，不服者被趕盡殺絕，許多族人逃亡海外到中南半島，再與當地人結合。（見《徐松石論文集》，廣西師範大學出版社。）

在零星古籍中，不少書本對蚩尤族文化都有提及，但因為早已公認黃帝創造中華文明而為人忽略。《易．繫辭》説：「黃帝斷木為杵，掘地為臼。」實則神農氏早已大興農作，杵臼之制已備。苗民早已「用木杵米，群歌對答」了。（《徐松石民族文集》）蚩尤最早懂得以金屬做兵器，古書載黃帝蚩尤之戰時，蚩尤族冶煉金屬，「蚩尤獸身人語，銅頭鐵額，食沙石子，造兵仗刀戟，威振天下。」亦有載「蚩尤變幻多方，招風喚雨，吹煙噴霧。」顯然懂得巫術，其文化水平，在在顯出比黃帝高明。《周書．呂刑》說：「蚩尤對苗民制以刑。」表示蚩尤時已有律法約束人民。傳說秤是蚩尤發明的，秤勾像水牛角，秤砣像牛蹄。而蚩尤族正是以牛為圖騰的民族。黃帝之前，反映出苗民文化已相當燦爛。

蚩尤族帶着的是良渚文化。良渚文化被山東龍山文化吸收，龍山文化帶有濃烈良渚文化元素。龍山文化製作的黑陶，薄如蛋殼光亮，文采多姿，凌駕在仰韶文化之上，考古學者稱之為黑陶文化。但良渚文化在四千二百年前突然在太湖地區消失。有史家認為蚩尤率領子民經太湖流域進入江淮平原，再在肥沃富饒的江淮平原休生養息，再後進兵山東，與東夷接觸。而江淮流域，正是道家老子一派學問發源地。東夷一眾，後來發展成殷商文化，殷商創造甲骨文，其文化文明，照耀古代社會。孔子家學，不少繼承殷商文化。以此而論，中華文明都與蚩尤文化有淵源。

北京大學段寶林教授著《蚩尤考》，頗多着墨之處極值得注意，內文說蚩尤在苗人心目中極有地位，每年十月都祭祀蚩尤。中原地區山東、河北、山西、河南，都有許多蚩尤的遺跡和相關風俗，歷史上也有不少有關蚩尤的記載。蚩尤的聯盟部族眾多，涿鹿大戰後，蚩尤的九黎部族曾受到多次的征剿、遷徙。有些向西成犬戎、西羌，向南的是為三苗，居於湖北荊楚。

九黎兵敗後，不少人留在當地，逐漸與黃帝族融合。山東一帶九黎，後來成了殷商族。如今苗族許多地方還流傳着蚩尤的古老故事，對蚩尤大神充滿敬意和自豪。苗人許多分支有多種語言，但對祖先稱「尤公」卻驚人的一致。

黃帝融合大成就

人類文化的演進，是一步一腳印漸次成長的，不可能一躍而至。能一躍而進步的，必是吸取外來的文明，或者由外族帶來進步的文化，才有突然進步的表現。軒轅黃帝奠國，也不應脫離這個規律。世傳軒轅黃帝為陝西有熊氏之君，生於軒轅之丘，故稱軒轅黃帝（筆者認為此乃反果為因說法，因黃帝之偉業，後人方把其出生地命名軒轅之丘），十歲登基。當時天下霸主是炎帝而非黃帝，黃帝五十五年，諸侯方尊軒轅為天子。而無論那部古籍，均說黃帝偉大功業，都是敗蚩尤、殺蚩尤後才建立的。

說到這裏，我們可以看到一幅古代的圖畫：大地上兩大部族混戰三次之後，低文化部族戰勝高文化部族。三次淒厲大戰並沒有說到時間的久暫，但顯然不是三天，可能是三數月，更可能是三數年。西方雅利安族自歐入侵印度，與當地已步入農耕社會的土人大戰五百年，才完全征服對方。所以黃帝與蚩尤長期作戰絕不為奇。軒轅黃帝偉大之處是戰勝後一統天下，能吸納天下各民族中優勝文化包括蚩尤文化，發揚光大，如造成文字、宮室及上述各種制度的開創。黃帝更能將之推及萬民，造福萬民，改善民生，而非像秦始皇把天下珍寶作一家一氏而擁有。

許多人懷疑何以說蚩尤族文化更高而敗於黃帝，其實這也是歷史的規律。中國明朝敗於女真蠻族，在歐洲，商業發達的迦太基人敗於初生的羅馬人；文化鼎盛的羅馬帝國又敗於北方蠻族，都是低文化民族取得最後勝利的典型例子。蚩尤之敗，筆者認為有兩個主要原因：在古代戰爭中，以體力而論，北方遊牧善於騎射，體力一定比農耕民族優勝。在作戰爭心態上，遊牧者戰勝可以搶掠，戰敗可以飄逃，對方難以剿滅，所以北方民族的作戰心態一定更強悍。其次原因是遊牧民族中出現一個好領袖，善於結集民眾，勇敢而有計劃作戰，軒轅黃帝便有這樣的胸襟和能力。

蚩尤之敗，是不幸遇上軒轅黃帝，但我們也不應忽略蚩尤族的貢獻。

第二章　神祕數字一〇八與十月太陽曆

彝族十月太陽曆為世人廣知，亦不過三十餘年。我們素知中國歷來奉行陰曆，又稱夏曆，沿自夏代，有四千年以上歷史。近人彝族劉堯漢提出十月太陽曆之初，曾遭彝族元老之斥。但愈來愈多證據顯示，其言成理。

中國民間流傳着一組神祕數字，便是一〇八、七十二和三十六。最著名的莫如《西遊記》中孫悟空有七十二變，豬八戒有三十六變。《水滸傳》開卷第一句便是「如何教三十六天罡下凡，七十二地煞降人間。」，七十二天罡三十六地煞乃道家神祇是也。

神祕數字七十二與三十六

俗語說三十六計，走為上計，差不多婦兒皆知。原來，在嚴肅的經史子集中，同樣也多次出現這些數字，先說七十二。

《續漢書．祭祀志》：易姓而王，封於泰山。禪梁父者七十有二代。

《孔子世家》：弟子蓋三千焉，通六藝者七十二人。

《禮記》：古者七十二家為里。

《史記》：高祖為人隆準而龍顏，美鬚髯，左股有七十二黑子。

有傳老子母親懷胎七十二年而生，出於左腋。

史書有載：「齊稷下先生喜議政事……七十二人皆輕騶忌。」《史記》、《淮南子》認為七十二這一成數屬於道陰陽家之思想。其實此七十二之說發軔於戰國，至西漢大盛，且愛與三十六並用。三十六是中國數千年文化習用基本成數，陰陽家、道家、儒家均喜用。涉及宗教、哲學、政治、軍事，經濟、武術等術語。

道書《洞天福地》：十大洞天，三十六小洞天，七十二福地。

《路史》：女媧煉得五方氣，變化無形補天地。三十六變世應知，七十二化處其位。

《史記》：齊威王……乃朝諸縣令長七十二人，威行三十六年。

《魏書》：二儀之間有三十六天，中有六宮，宮有一主。

秦始王分天下為三十六郡。

少林寺有三十六跌打，職業有三十六行，亦有七十二行說。

從三十六、七十二這兩個數字而衍生出一百零八、三百六十這兩個成數，也常在古今生活中出現。梁山泊共有一百零八個好漢，原是三十六、七十二此二成數之和。孫悟空豬八戒師兄弟兩人合共變化亦一百零八。道書更多一百零八這個數字出現。三十六的十倍是三百六十，和我們鐘錶上一小時六十分，一分鐘六十秒共三千六百一致。民國初年學者聞一多注意到此中奧妙，寫有《七十二》一文，考據頗詳，但仍未能確切說出此神祕數字來源。

彝族「十月太陽曆」

原來，這些神祕數字出自彝族「十月太陽曆」。一九八三年馬立三著《雲南小涼山首次發現彝族太陽曆》（見《中國文明源頭新探》，雲南人民出版社），十月太陽曆為世人廣知，亦不過三十餘年。我們素知中國歷來奉行陰曆，又稱夏曆，沿自夏代，有四千年以上歷史。近人彝族劉堯漢教授（一九二二年生於雲南楚雄，畢業於雲南大學。）提出十月太陽曆之初，曾遭彝族元老斥為胡說。但愈來愈多證據顯示確鑿有據，其言成理。彝族十月太陽曆比夏曆更為古遠，可能因夏曆對農耕社會提示更有利而為廣泛採用，亦可能因夏朝立國以行政力量將彝族十月太陽曆淘汰。

十月太陽曆把一年分作十個月，每個月三十六日，一年三百六十日。餘五日，作為過年日（又稱過年節），又每隔三年增一日，過年節便是六日。太陽曆單月為雄，雙月為雌。如一月土公月、二月土母月、三月銅公月、四月銅母月、五月水公月⋯⋯如此推算。一年有五季，每季兩個月七十二日。五季各以土、銅、水、木、火輪次表述，順序為夏土、秋銅、冬水、春木、春夏之交為火。可知十月太陽曆已藏陰陽五行思想。此五行元素不稱金而稱銅，反見其原始面貌。

彝族十月太陽曆除以十二獸紀年外，亦用以紀日，十二獸大致與今日十二生肖動物相同。一個月三十六日，月中十二獸輪迴三次便周而復始，方便記憶計算。過年節出生之嬰孩，凡男嬰屬上一年，女嬰屬下一年，如男嬰屬子鼠，女嬰則為丑牛。太陽曆分三十氣節（夏曆分廿四氣節），《管子幼官圖》尚留有其痕跡。此書載有五方十圖三十氣節。五方好比五季，十圖表十個月，一年三十個氣節，每個氣節十二天。此與夏曆不對應，與十月太陽曆卻吻合。

十二生肖起源

十二生肖起源，古來便引起讀書人興趣。十二生肖先秦經史不見，有人翻閱古籍，始見漢王充《論衡》略有提及。直到清代仍不能說個明白。及至民國初年，許多人知道除中國外，印度、埃及、巴比倫、希臘均有此習，於是有人認為是外國傳入。其實各國之間十二獸亦有小異。中國少數民族十二獸各族也略有不同（見《文明中國的彝族十月曆》，雲南人民出版社），摘錄於下。

漢族：子鼠、丑牛、寅虎、卯兔、辰龍、巳蛇、午馬、未羊，申猴、酉雞、戌犬、亥豬。

彝族（桂西）：雀、牛、虎、蛇、龍、鳳、馬、蟻、人、雞、狗、豬。

彝族（哀牢山）：鼠、牛、虎、兔、穿山甲、蛇、馬、羊、猴、雞、狗、豬。

黎族（毛道黎）：鼠、牛、蟲、兔、龍、魚、肉、人、猴、雞、狗、豬。

彝族黎族十二獸之不同，反映源自遠古傳下特質。其中有人、有蟻、有蟲，亦有以穿山甲代替龍，又竟以「肉」取代馬，又人獸不分，以人加入。斑斑可見十二獸曆法傳自古遠原始時代，大約是伏羲畫八卦時代，距今萬年以上，貼近懂得生火之燧人氏時代。究竟是中傳於外，或外傳於中，尚待有志於此的學者研究。

何謂左道　左右誰尊

彝族為滇、川、黔三省主要土著居民，分佈於金沙江南北兩側，包括哀牢山、大小涼山，其文化屬於伏羲文化一脈，淵源萬年以上。伏羲文化以母虎為圖騰，尊崇女性（母系社會），先天八卦以陰性坤卦為首。陰陽家與原始巫教有血緣關係，中國西面羌戎巫教乃彝族古老宗教。隨後而發展老子道家各種學說，儒家孔子有問道老子記載，而《易》為六經之首，卻被多人認為非儒家本門學問，孔子亦從不談論陰陽。

彝人尚左，男女衣皆左襟。招祖魂用左手，驅魔用右手。古羌戎和道家同樣尚黑，尊左賤右。《老子》有「吉事尚左，凶事尚右。」及「是以聖人執左契而不責於人」，說把契約分裂為二，執左契為主。范蠡說「左道右術」。《史記》載魏公子無忌說「虛左以待賢」。今「虛左以待」更成為尊重對方之詞。由此可見春秋戰國之前，社會皆以左為貴為尊。

時移勢易，到了漢代，漢人及儒家均貴右賤左。儒家以右券為尊。《漢書》說：「右賢左愚，右貴左賤。」與道家相反。又說：「契，券要也，右為尊。」《禮記．王制》：「執左道以亂政，殺。」漢代貶官降職稱「左降」，亦有稱「左遷」。《通鑑漢紀》：武帝征和二年，是時方士及諸巫多聚京師，率皆左道惑眾。有「左道，若巫蠱及俗禁」。說道術惑人害人，故有「旁門左道」一詞。唐《貞觀氏族志》載「凡第一等為右姓」。諸般記載，均以左為賤。

其實此中轉變，乃因漢儒董仲舒而致。孔門本無左右尊卑之分，而董提出三綱五常，貴陽抑陰。臣以君為綱，子以父為綱，婦以夫為綱，大大提高男性地位。又強調儒學優於道學，刻意取向與道家相悖，因而貴右賤左。惟民間術數掌相，仍取男左女右。今港人左上右落，左行右企，則全無貴賤之別。

由於彝族古文化得今日揭示，古來左大於右或右大於左的問題也露出端倪。彝族文化認為「人從水出」，水為五行之首。彝人崇虎，認為原始虎化成天地，左眼化太陽，右眼化月亮，而日屬陰、女性，月屬陽、男性，與漢族傳統觀念相反。此中帶有陰而生陽之意，與今日先陰後陽，負負得正之論調暗合。彝人重視火葬。有傳彝人不怕死，只怕死而不得火葬。彝人風俗文化，殊堪今人探究。

第三章　粵語歷史古遠承載流長

遠古南北音之差異，原來和地理環境有關。南方多深山大澤，雨水充足空氣濕潤，空氣壓力較小，鼻音重。北方平原遼闊，空氣乾燥，語音清揚。

蚩尤軒轅爭雄之後，北方勢力壓倒南方，北方文化語言遂成正統。讀書人和官吏都學習和採用北方的雅言，自成一套系統流傳後世。春秋及戰國著書立說者均用雅言為文，南方語言便被邊鄙化。

粵，現在指廣東。但說到粵音，範圍可大得多。遠古的粵音，泛指今兩廣之地語音。古時粵、越兩字相通。遠古粵地居民多是現今少數民族：如僮族、傜族、苗族等等及今西南少數部族。其中僮語最接近原始漢音；而漢族嚴格而言應始自漢朝，春秋時稱文教發達部族為「華夏」。漢族其實是一大混合民族，而炎黃子孫則包括中華大地各大小民族。

後期淡化鄙蔑用字

北方賤稱嶺南人為獠（lao），如夷獠、山獠、黎獠。粵俗語愛叫人為「佬」，如「大佬」、「細佬」、「有錢佬」、「廣東佬」、「外江佬」。其實，「佬」字原為「獠」字。隋唐時代鄙視嶺南人，以獠（《粵音韻彙》讀魯音，說明蠻族之一）字稱之。後減低歧視轉「獠」為「僚」，粵人再轉而為「佬」。古語音淡化貶義的還有「番禺」一詞。此中的「番」是生番的「番」（音翻），「禺」是一角之地。在先秦時期，視番禺乃南方蠻人聚居之地。其實秦末南越王趙佗立國經營嶺南，以廣州為都，稱番禺，繁盛熱鬧，盛名遐邇。現粵語番禺要讀「潘禺」，否則為識者所笑。

香港人說粵語，小童叫「細路仔」或「細蚊仔」。「細路仔」來自「細佬仔」，而「細蚊仔」

則來自「細蠻仔」。隋唐時呼粵人為蠻人，所謂「東夷西戎南蠻北狄」，南方小童便呼為「小蠻子」。粵語「小」叫「細」，子稱「仔」。便出現「細蚊仔」一詞。

有學者考據，說「蠻」其實是南方某些部族自稱，最初不含貶義。蠻字帶「虫」字，亦非侮辱性。原來遠古南人對能自動屈伸物類都統稱虫（蟲），是自身能動生物。遠古蟲是鳥獸通稱，有羽蟲、毛蟲、甲蟲、鱗蟲、裸蟲，裸蟲便是人，是萬蟲之長。因大禹「禹」字結構亦有「虫」。疑古大學問家顧頡剛研究所得說禹是蟲，被當時文人哂笑（見《古史辨自序》，顧頡剛，商務印書館。），恐怕他當時並沒有知道裸蟲指人，蟲也是人的名稱。許多古字都有「虫」組成，如蜀字，閩字等。伏羲女媧姓風，風字也由虫字組成。而粵地呼蟲，愛加「馬」字音。如螞蝗、螞蟻、馬騮（猴子）。

粵語遠古　來自南方民族

周秦兩代特別注重南粵，漢武帝更刻意開發嶺南，可知嶺南的開發比東甌福建一帶更早。當時廣東等南地以僮族為主幹。所以粵語古源大部分是南方僮語（「僮」古音「撞」，見《徐松石民族學文集》，廣西師範大學出版社。），亦受傜語、吳語的影響。粵語說「咁多」、「咁好」，吳語則說「介多」、「介好」。香港人說粵語我們叫「我地」。傜語有「我隊」、「你隊」、「渠隊」。粵音因而出現「我地」、「你地」、「佢地」。吳語用「渠」字表示他人。粵語一律用「佢」呼他人，「佢地」是他們。廣西《興業縣志》說，居民自稱曰「儂」，稱我們為「儂隊」。至於「個邊」指那裏，則出自僮音。

苗人多用阿字。《北史．蠻僚傳》說：「獠人無氏族之別，所生男女惟以長幼次序呼之。」如姊叫「阿倫」，妹叫「阿小」，祖父叫「阿幾」，祖母叫「阿婆」。廣東福建人愛用阿字稱對方，受苗人影響。

粵音三種獨有特色

遠古南北音之差異，原來和地理環境有關。南方多深山大澤，雨水充足，空氣濕潤，空氣壓力較小，鼻音重。北方平原遼闊，空氣乾燥，語音清揚。鼻音唇音較少而乏平上去入四聲中入聲。梁朝沈約也是依南方音而定四聲。

粵音有幾大特點。一是粵音鼻音重，語尾最富鼻音 ng 音。如楊 yeung，或 yang。王 wong，鍾 chung，龍 lung。其入聲字豐富，以破裂音 t、k、p 音結束，語音短促。如甲 kap、撥 put、匿 nik。苗語漢語器具叫皿 ming，人叫民 mun。

其次粵語多量詞，甚至使人眼花瞭亂。如一張紙、一座山、一條線、一篤尿、一啖飯、一碌竹、一舊泥（塊）、一架車（輛）、一隻船（艘）……等等。英語則無此等量詞。今僮傜族分類量詞之多，與閩粵人一般。

其三粵人造詞愛倒裝，亦深受古民影響。如公雞叫雞公、客人叫人客，生魚叫魚生，瓦缸叫缸瓦，乳腐叫腐乳……等等。僮族苗族呼大山、小山為山大、山小。中原古語亦受其影響，如堯帝稱帝堯，都城稱城都。

狀聲音粵音貼切

其實，古粵語來自僮傜苗等少數民族，最初也有複音聯綴語。後來發明方塊字，受到影響，每字成單音字，一字一聲（其實一字可能有多音，但亦只能一聲表一用。如種字、樂字、行字）。

粵語仍留的聯綴音如「陷把爛」（諧音而已），即全部之意。「嗚厘馬查」，即文字草亂不可辨。「腳瓜囊」，小腿也。泰語僮語、雲南擺族仍稱腳為「腳囊」ka—long。這情況只保留音而沒有字，一些縱然有字，但受時日淘汰而被棄用（如餛飩今已被「雲吞」取代）。尚有北方古語借用南方合併音情況，如「穹窿」快讀成「空」，「窟窿」快讀成「洞」，兩者音義皆相同。

音較多含原始音素，粵音中狀聲和狀形字不少。如「鴨」、「貓」都是狀聲字。如雞聲喔喔，狗聲汪汪、蟲聲唧唧，管弦嘔啞，都是狀聲貼切。「開」字必須開口讀，「闔」字、「合」字必須合口讀。如用普通話讀便失真，沒有狀聲效果。這樣喔喔不似雞聲，汪汪不似狗聲了。

南方語言便被邊鄙化

近代愈來愈多資料顯示，古代南方文化博大深遠，影響整個中華大地的文化發展。炎帝黃帝一戰於前，蚩尤軒轅爭雄於後，北方勢力壓倒南方，北方文化語言遂成中原正統。讀書人和官吏都學習和採用北方的雅言，自成一套系統流傳後世。春秋及戰國著書立說者均用雅言為文，南方語言便被邊鄙化。及後即使南方讀書人亦必習雅言（即今日稱為文言）藉窺學問，藉登廟堂，但地方民間則仍多有古音古語流傳。

筆者懷疑古粵音可推算到蚩尤時代。據彝族曆法十二紀年生肖(《古今彝曆考》,四川民族出版社,頁四十八)彝曆始於公元前四三六〇年(距今六千餘年),指出中國生肖觀念來自彝族。附彝族漢字注音(尚有拼音示明,今不錄)備考。

生肖:鼠—牛*—虎—兔—龍*—蛇*—馬*—羊*—猴*—雞—狗*—豬

彝語:黑—女*—拉—特勒—綠*—施*—姆*—欲*—裊*—窩—啟*—餓

【注】請注意:有*符者和今日粵音極相近,「特勒」快讀亦是兔音,十二字中有七個字以上與今粵音同,可見粵音遠古流長。對此有興趣讀者不妨翻尋研究。

【注】本文資料有引自《徐松石民族學文集》。徐松石教授(一九〇〇—一九九九),廣西容縣人。畢生致力於少數民族歷史文化研究,著作豐茂,貢獻不小,惜少有學者提及。筆者謹藉本文表示對徐教授的謝意和敬意。

第四章　道家的面貌

老子有傳姓李名耳，唐朝李氏開國奉道教，因老子姓李，故奉老子為道教始祖。其實春秋時代無人姓李，據近年今人考證，老子稱李耳實出於老子乳名「狸兒」一音之轉，以為是「李耳」。「狸兒」，在當地是「老虎仔」之意，亦嘗有老子騎虎圖像為人供奉，老子學問實出自有虎的南方。

道家是春秋戰國時代百家爭鳴時其中一學術流派，對處理人生問題和追求真理，有一套完整的思想觀念。所謂道，乃指恆存宇宙、自然界無形的規律，包括常道和非常道。

古來道家觀念

道家認為人體是小宇宙，天地日月運行和人體生理活動共同受到一種原力支配。人的生命自父母受胎算起，女子七數為一單位，女子十四歲天葵至，已可生育，到七七四十九歲先天生命氣數盡，此後為後天餘氣；男子八數為一單位，十六歲前為童身，八八六十四歲後是後天餘氣，生命轉入另一境界。道家所說神、氣、精，可用光、熱、力為喻。道家講求養生全真，應從清心寡欲入手。

道家認為萬事萬物不離陰陽互剋互濟原理，認為事物「負陰抱陽」，都有陰陽因素元素，只是有所偏重。所謂「孤陰不生，獨陽不長」。道家中人愛以「無為」標榜，此常為人誤解。其實是「無為」中因以「有為」的軌跡作基礎，便可以無為；非放任無為，所以在有為中才可以無為，無為有為互濟倚負，因而生機勃勃不息。

道家是中國文化原始思想

道家的學問，人以「黃老之術」並稱。老是老子，是普遍公認道家的老祖宗。黃是軒轅黃帝，是公認中華文化的始祖。今有黃帝傳下醫書《內經》，兵法謀略學《陰符經》，但後人大都認為偽託。道家奉黃帝之學，一方面託古自重，亦表示其學正統，來自遠古；另一方面表示承認黃帝是中華民族共祖。直到漢初文景之治時，都以黃老並稱。

道家學術思想源遠流長，上接伏羲黃帝、《易經》、《書經》文化系統。思想上偏向自然科學，與儒家偏向人文思想互相輝映。道家思想是中國文化原始思想，集哲學、科學、科技學術大全。清才子紀曉嵐喻之謂「綜羅百代，廣博精微」的學問。司馬遷在《史記》自序中說自己父子都奉道家思想，而且極推崇老子。

老子是個迷矇人物，相傳是周朝史官，學問淵博，不求名利而帶着超越塵世修養胸襟，是位神龍見首不見尾的隱者。相傳孔子曾向老子問道，結果不明所以。孔子說：「鳥吾知其能飛，魚吾知其能游，獸吾知其能走。走者可以為網，游者可以為綸，飛者吾可以為繒。至於龍，吾知其乘風雲可以上天，吾今日見老子，其猶龍耶？」從這話中可見孔子對老子還是摸不着頭腦，但極有推崇之意。

老子並非姓李

老子姓老名聃，子是對他的尊稱，老子即老先生。筆者認為老子是周代史官，職位世襲。孔子所見之老子，恐是最初之老子之裔孫，周代老子亦恐非只有一人，代代相傳便有許多位「老先生」。老子有傳姓李名耳，唐朝李氏開國奉道教，因老子姓李，故奉老子為道教始祖。其實春秋時代無人姓李，據近年今人考證，老子稱李耳實出於老子乳名「狸兒」一音之轉。「狸兒」，在當地是「老虎仔」之意，亦嘗有老子騎虎圖像為人供奉，老子學問實出自中國有虎之地的南方。歷代認為道家學問源自淮河流域，唯近代開始有人研究少數民族文化學問，發現道家思想及陰陽家五行八卦思想，皆源自伏羲文化，源自彝族苗族，再由漢人吸收整理發揚。孔子家門學問出自殷魯，屬北方學問，記述孔子言行的《論語》從未記述孔子談陰陽。但所傳六經學問，《易》為群經之首，偏偏就是南方學問，這亦反映孔子眼光胸襟和偉大之處。

《老子》一書又叫《道德經》，五千餘字，但後人注釋演繹其義文字多至千倍。全書陳述經世處世哲學，認為人要順應自然，行事要合天道天理，重視因果。提倡無為不爭、知足、謙下。認為柔弱勝剛強，知榮守辱，以靜制動；認為絕仁棄義，民復孝慈，福兮禍所倚，禍兮福所伏，事有因果，禍福相生，是世上第一部有系統的哲學著作。

黃老之術重權詐謀略

黃老之術，盛行於漢初。唯自漢至民國初年，均不見公認之黃帝論道著作傳下，使世人對是否有黃帝之術懷疑。又有古籍傳言「老子知兵」，知兵則善於相鬥相爭，與老子主張虛靜無為頗有矛盾之處。

其實老子講求「無爭」，同時講求權術，此點為大多數學者所忽略。老子說的「魚不可脱於淵，國之利器不可以示人」是政治上專制之言。老子講求因果，亦講權術謀略，絕非單單清虛無為。《老子》一書有權謀的説話，如「將欲歙之，必固張之；將欲弱之，必固強之；將欲廢之，必固興之；將欲奪之，必固與之。」這些都是權術詐謀的話。老子思想最高境界是「無為無不為」，昇平時期，垂拱而治，當然可以無為。而戡平亂世，則可以「無不為」，無所不為是也。故説老子知兵，實不矛盾。亦可見老子學問高明及厲害之處。亂世謀略家多出自道家之學，如鬼谷子、蘇秦、張儀、黃石公、張良、陳平、諸葛亮、劉伯溫等等。

行黃老之學治世最成功的是漢文帝。史書多説漢文帝時因楚漢戰亂不久，又剛滅呂后之禍，文帝遂無為而治，與民休生養息，帶來文景之治漢初盛世。其實文帝當國，政治上亦風高浪急，不過文帝深諳黃老之學，消弭禍患於無形。朝廷平呂后禍亂迎文帝，文帝登基即拜宋昌為衞將軍，領南北軍，收兵權於掌中。又拜張武郎中令，行走殿中，以為心腹耳目。如此攬權狠要精到，豈胡塗無為君主？及後用賈誼策削諸侯力量，又早料吳王造反，逝世前向繼任者景帝指出兵亂可倚靠周亞夫平亂，在在大小政事無不在掌握中。文景二帝之後漢武帝倡儒家，道家黃老之術便不入主流。但每個時代均有不少知識分子和隱逸之士好鑽研道家學問。

近代黃帝四經面世重現

被譽為中國最後一位古文經學大師的章太炎（一八六九—一九三六）對道家論述扼要精微，但也說「然黃帝論道之書，今不可見」。（見《章太炎講國學》，吉林人民出版社）原來直至一九七三年長沙馬王堆墓出土，方發現有關黃帝論道著述。見有《法經》、《十六經》、《稱》、《道原》四經，與《老子》合抄，入道家經籍。研究者將此四種著述合稱《黃帝四經》。可知自漢代降至清代黃帝論道失傳，至上世紀七十年代才重見天日，前代智士均無緣過目。此四經論道有天道、地道、人道，各有法則，說宇宙萬物分陰陽，既相對又互相統一，認為帝王應畏天愛地親民，又有論戰用兵的豐富軍事思想。《黃帝四經》風格繼承老子思想，又發展改造。

莊子與道教

莊子亦是道家代表人物，亦有以「老莊思想」代表道家思想，且有人認為莊子論道更為徹底。但《莊子・天下篇》自言與老聃、關尹子不同道。《老子》多說及政治，莊子不說政治。莊子愛說超遠思慮的哲學性思考，而《老子》罕言。兩人所論大旨及路向相近，但各有偏重。《莊子》一書文筆雄肆，愛作寓言，哲學和文學價值都很高。

莊子名周，與齊宣王同期，不受聘，樂做漆園吏。莊子認為人生當超脫世上欲望和約束，拋棄感情縈繞，破除我與非我境界，把自身和天地萬物合成一體，才能得到最大安適。他認為人生應追求逍遙，得道目的在救己。一切政治制度、社會禮俗都是束縛。

而道教本與老子無關，老子在世時並無道教。由漢朝末年張道陵（世稱張天師）注《老子》開始，才將老子牽入道教。其後道教的思想和發展成中國文化一大體系，已不在本文探討之列。

第二篇

灼熱的火炬——漢武帝

第五章　大中華文教的奠基者

漢武帝對中國的功績很大，其文治武功，不止光耀一代，改朝換代之後仍有遺澤留於後世，正是其偉大之處。稱他為大中華文教的奠基者之一，因為如果世上沒有漢武帝，中華大地上的文化當有不一樣的面貌，肯定不是這樣鼎盛，說不定出現一如歐洲中世紀的黑暗時代。

漢武帝（公元前一五六年—公元前八十七年），是漢朝的第五位皇帝。他是漢景帝的第十子、漢文帝的孫子、漢高祖劉邦的曾孫。四歲被封為膠東王，七歲時被冊立為太子，十六歲登基，在位五十四年。史則稱他為世宗孝武皇帝。

漢人漢族　始自漢代

筆者稱他為大中華文教的奠基者，因為如果世上沒有漢武帝，中華大地上的文化文教當有不一樣的面貌，肯定不致這樣鼎盛，說不定出現一如歐洲中世紀黑暗時代。也許有些人認為言之過甚了，前人不是說過，中國沒有孔子，中國人生活如在長夜嗎？不錯，但即使孔子出現，沒有漢武帝，孔門學說和教化也不會如此壯大長存。

中國有五十六個民族，人口數量最大的是漢族，漢族壯大不免使人自滿，但可知道未有漢武帝之前，中國是沒有「漢族」這一個名詞的。也許有人奇怪，孔子孟子不是漢人嗎？現今我們都樂意把他們稱為漢人，其實，當時他們是「華夏」人，與「夷狄」作相對的區別。漢族、漢人，是漢代才有的稱呼。我們自稱「漢人」，稱男子為「大漢」，其實不是我們自稱的，是匈奴人對我們的稱呼，匈奴人遠遠見漢武帝的軍隊，便大叫大嚷：「漢子來了！漢子來了！」，及時走遁。此後，男人便叫漢子，我們便叫漢人了。後來，部分匈奴人歸順漢武帝，多年下來，由於婚配關係，漢人中也沾上不少匈奴人血統，後來不少人和其他少數民通婚，所以有人說，漢族其實是混合的大民族。

武帝雄圖　先遇挫折

漢武帝對中國的功績很大，其文治武功，不止光耀一代，甚而改朝換代之後，仍有遺澤留於後世，正是其偉大之處。

漢武帝少年登基，胸懷壯志，原想施展抱負，發揮老師衞綰所學。衞綰和王臧是武帝為太子時老師，屬儒家學者。漢武帝認為以儒道治國最有效，和其時崇尚以黃老之術作治國方略的文景之治相悖。而當時權力則在其祖母竇太后之手，竇亦尚黃老之學。年輕的漢武帝熱衷推行他的儒學治國，觸動一些既得利益者利益，向竇太后投訴，竇太后看在眼內（其實竇太后當時已盲），且讓他胡為一陣。誰知副丞相御史大夫趙綰，奏請漢武帝今後軍政事務一律不用上奏竇太后。惹怒權勢中天的竇太后，結果漢武帝重用的趙綰和王臧鋃鐺入獄，在獄中自殺；丞相竇嬰和太尉田蚡被罷免。漢武帝再也不敢多言，儒術治國夭折。

建元六年，竇太后逝世。時年漢武帝二十二歲，遂放手推行新政。重任田蚡為相，執掌政權。漢武帝新政影響後世深遠，影響至二千多年後的今天。

出仕之途　獨尊儒術

漢武帝建元元年，他頒佈命令，要丞相、御史、列侯貴族舉薦賢良方正、直言諍諫之士，親問古今治國之道。這時漢武帝年方十七歲，虛心求教，除顯出見識不群，亦見其虛心下士，極負明君見識胸懷。董仲舒當時四十多歲，飽讀孔門典籍，善談禮樂教化，鑽研天人感應的學問，以《天人三策》對應。漢武帝擊節讚賞，重用斯人。

董仲舒學識廣博，對歷朝歷代文化文教影響至巨的，是漢武帝採用了董仲舒的建議後，儒學成為中國地位特殊的學問，儒學亦成為中國社會中上至公卿，下達平民百姓、販夫走卒的基礎思想，是人民內心的基礎道德規範。儒學對中國二千多年後的今天，仍有不可忽視的影響力。獨尊儒術，確立了儒家兩千多年來文教的主導地位，這是漢武帝對中華文化至正至大的功勳。

罷絕百家　多有誤解

所謂罷絕百家，引起不少人誤解而詬病，以為獨尊儒學，先秦諸子百家的學問被毀滅了。當然不是這樣，百家學問在漢武帝手底下仍然存在，流傳至今。所謂「罷絕百家」，只是從此想當官求仕進的，一定要有儒家學問，罷絕以其他諸子之學在朝堂上安身立命的機會。你身負黃老之學，可以到深山勝境自行修練，傳學傳道予有緣人。

所以，罷絕百家之後，中國學術上仍有諸子學科的發展，道家便是古時的科學家，練丹便是中國科學研究的濫觴。在世界的科學史中，中國科學成就早便遙遙領先，到明代為高峰。其後被西方爬越，這是後人不濟，不該算入漢武帝的賬內。李約瑟著的《中國科學與文明》自有詳述。

筆者認為儒術治國，當然不能說完美，多時會產生作家柏楊所說的「醬缸」現象。但是比較古今中外，儒家學問，文人治國還是比較有效的一套。儒學治世的觀念亦可說得簡單，便是教化風俗，以道德自律，使人民各安其位，各展所長。所謂「禮施已然之前，法施已然之後」。（漢人數千年來仍屹立大地，未為外族滅絕，可詳見英國歷史學家湯恩比研究，論述世界各大文化民族興滅之必然，唯漢族例外之探討。）其實，漢代標榜儒學治國，實際是儒表法裏，後來漢朝的刑法，極為苛酷，律法三千，比秦人更嚴苛。

布衣卿相　人才湧現

元朔五年，漢武帝接受董仲舒的建議，創建太學。董仲舒說太學可以作為「教化之本原」，並說，「臣願陛下興太學，置明師，以養天下之士」，這樣可以培養國家未來的人才。漢武帝置五經博士，成為學官，教授五十名博士弟子，使社會上讀經尊孔風氣大開。漢武帝興太學，置明師，徹底打破上古千年以上管治階層必為貴族、士大夫的僵化傳統。大量的布衣平民，可以通過研習儒學而步上各管治階層。如公孫弘以一介布衣平民身分，可以官至丞相，爵封平津侯。才智之士來自廣大民間，與只有貴族可壟斷治權的社會相比，人才之鼎盛自不可同日而語。

漢武帝用人唯才，不問出身，對其後二千多年中國社會人才輩出的歷史，居功至偉。中國能出現大小治世，當與漢武帝開放仕途，帶引出文教盛世，有極大關係。故說漢武帝是中華文教的奠基者，當無過譽。

第六章　漢代頌揚孝道　創建楷模

漢武帝於祖母竇太后歿後，重掌大權，前前後後推出不少政策，使國家強盛壯大。其後歷代各朝典章制度，不過追隨漢代而增減。有三點政策對中國影響最深遠，至為偉大：發掘人才、獨尊儒學和推崇孝道，其後二千多年中華大地莫不受其影響。

劉徹能登極稱帝，其實有點幸運。因為劉徹的母親不是皇后，按理不能繼承皇位。四歲時，景帝封他為膠東王，哥哥劉榮做太子。景帝的姐姐長公主有個女兒叫陳阿嬌，原想想把女兒許配給太子，將來做皇后了。但是太子的母親栗姬不領情。長公主非常生氣，便轉而意屬武帝。

金屋藏嬌　造就機會

有一次，她故意在景帝的面前問：你喜歡阿嬌做妻子嗎？年幼的劉徹當時說：如果能娶得阿嬌，便建一間金屋把她藏起來。這便是「金屋藏嬌」的典故。景帝見他說得真切，同意他們的婚配。後來長公主從中策劃，武帝又表現出眾，景帝最終選擇武帝做太子，母親王美人也升為皇后，此時武帝剛七歲。武帝做了太子後，儒家學者衞綰做太傅，他更勤奮学習，除習文學經學外，還包括射箭、騎馬武學。

漢武帝於祖母竇太后歿後，重掌大權，開始他的雄圖方略。在他的管治下，前前後後創建不少政策，使國家強盛。其後歷代各朝典章制度，不過追隨漢代而增減，對後世影響極為深遠。不少歷史學家把漢代成就，歸功於漢武帝個人的雄圖大略。今只舉其創建之犖犖大者。

首創年號　歷代相沿

漢武帝首創以年號紀年。首個年號為建元（公元前一四〇年），此前的帝王沒有年號。改換年號叫作「改元」，漢武帝也多次改元，隨後年號有元光、元朔、元狩、元鼎、元封、太初、太始等。中國的帝統年號用至二千多年後清代最後王朝宣統，年號成為中國一種文化。此外，漢武帝進行了人類史上最早的人口統計。可見漢武帝的眼光何等高瞻遠矚。

更始曆法　頒太初曆

太初曆是中國歷史上第一部文字記載完整的曆法，漢武帝在太初元年，命鄧平、唐都、落下閎及司馬遷等制訂，是一次曆法大改革。司馬遷主持制訂「太初曆」時，反覆進行周密運算和實踐驗證，精密準確。在農業社會，正曆法意義重大，使民順四時，穀米豐登，對民生極為重要。

察舉徵辟　優禮人才

漢武帝用人唯才，不問出身，開創了察舉制並興太學。漢武帝元光元年（公元前一三四年）開始，漢武帝令郡國舉孝廉各一人，選拔為官吏。地方長官在轄區內考察、推薦人才給政府，經過試用考核再任命官職。

改革幣制　穩定金融

西漢自建立以來，幣制混亂，郡國隨意鑄幣，情況失控。國家對外征伐不斷，財政時而顯得捉襟見肘。而國中富商權貴富可敵國，朝廷則處於匱乏狀態。為增加中央財政收入，打擊大商人壟斷財力，漢武帝即興幣制改革念頭，不准私鑄，先後進行了六次改革，穩定了金融，解決多年的私鑄、盜鑄問題，使國家財政收入穩定。其後有國力攻打匈奴，與此措施不無關係。

鹽鐵國營　推行均輸

中央政府在鹽、鐵產地分別設置鹽官和鐵官，實行統一生產和銷售鹽鐵，利潤為國家所有。這項措施，使國家獨佔相關利潤，可供巨額軍事支出。如此人民的賦稅沒有增加，國家卻收入大增，解決國家財政上困難，但不免與民爭利，品質粗劣。

重視農業　民生富足

漢武帝採取措施助長農業，在全國修了不少水利工程，例如龍首渠、六輔渠等等，以利農田灌溉；又提倡新式耕種技術，使農作生產豐收。

降服匈奴　開疆拓土

漢武帝鴻圖大略，北伐匈奴，平定邊患；大幅開擴領土，在西南，漢朝消滅西南夜郎及南越國，又使到兩廣地區重納中國版圖。臣服東方之朝鮮，開疆拓土。漢武帝派張騫兩次出使西域，打通中原和西域交通，形成絲綢之路，使中國與西方文化交流，且促進國際貿易。

新政推行　人才輩出

漢武帝掌握朝政實權後，再用田蚡；加强中央集權，對付宗室及地方豪強勢力；推出多項新政。因漢武帝用人惟才，朝臣人才輩出，使西漢進入黃金時代。下列較著名朝臣各有傳奇，對之有興趣者可翻卷細讀。

丞相：衞綰、竇嬰、田蚡、公孫弘。太尉、將軍：衞青、霍去病、金日磾、霍光。御史大夫：張湯、兒寬、桑弘羊。太常：王臧、韓延年。郎中令：李廣、李敢。衞尉：張騫。太僕：灌夫、公孫賀。都尉：汲黯、朱買臣。名臣還有東方朔、主父偃、司馬遷、蘇武、董仲舒、司馬相如等。（其中有不少人先後任不同職位者，如田蚡曾任丞相及太尉，餘不贅列。）

宏圖德教　造福千年

漢武帝創建三點政策對中國影響最深遠，至為偉大：是發掘人才，獨尊儒學、和推崇孝道。其後二千多年中華大地莫不受此三項德政影響。

漢武帝首倡選賢參與政府工作，解放民間智慧，使民間好學成風，開後世先河。這和先秦時代貴族世襲朝政，壟斷職位，人才狹隘僵化相比，大大進步。他罷絕百家進仕之途，使儒家成為中國中流砥柱、學術主流。策略既造成凝聚國魂，其後二千多年，修身立德成為處世處事的正確目標和方向，讓中國文化在世上燦然生輝，實為萬世功勳。漢武帝的功績便像巨大的火炬，發光發熱，長久照耀着中國的長空。

頌揚孝道　重視女性

漢武帝認為孝與廉是人類基本美德，因而選拔官員以孝、廉為基本要求。孝廉可以為士，可享高譽，可致富貴，使社會重視孝廉。經帝主大力推崇，自漢之後，國人無不重視孝道，以百行孝為先為諸德之首，意義重大深遠。筆者譾陋，只知道世界各地國家風俗中，只有中國如此重視孝道，實踐孝道，實漢武帝之大功大勞。

重視孝道尚有深層意義為常人忽略，社會上能重視孝道，女性為人母者在家庭中地位便大大提高，其中對兒女教養影響多時比父親更甚。例如楊家將的佘太君，岳飛母親都有崇高地位。封建社會仍是男性為主，而女性因受提倡孝道之故，地位往往隨而提升。孝、是孝順父母，孝順長輩，歷代國人家庭中母親地位便見得顯要。即使大盜頑徒，事母至孝者大不乏人，慈母撫育兒子成材者歷史上更屢見不鮮。重孝之風聞揚人性美德，造成社會和諧，家庭沖和福樂，造福人間。

第七章　漢武帝復仇雪恥　剿滅匈奴

漢武帝籌措十年，首先囑人以重金向匈奴購買良種戰馬回來繁殖，再使民間家家戶戶養馬，長大後交回國家備戰。匈奴料不到漢人有此一着，漢軍遂可與匈奴周旋。朝廷對匈奴主動出擊，深入沙漠，圍剿匈奴主力並加以殲滅。

自從漢高祖劉邦親自將兵擊匈奴，被困平城白登山後，漢帝對匈奴採安撫求和政策。漢送絲綢、米酒和糧食給匈奴，並送公主嫁匈奴單于和番，但匈奴仍時有劫掠邊疆，耀武揚威，殘殺漢人。漢武帝雄才大略，引為恥辱，亟思剿滅匈奴對策。

漢武帝處心積慮打擊匈奴　一雪前恥

當時漢人雖然兵多將廣，但對匈奴之擾邊，亦無可奈何。因匈奴人精於騎術，呼嘯而來，劫掠後倏忽而去，不知所蹤。大臣王恢提出策略，使人在馬邑詐降，伏下重兵誘匈奴單于到來殲滅。不料中途被匈奴識破，迅速退走，從此兩國絕交，匈奴對漢滋擾更甚。

漢武帝切志對付匈奴，首先培養國力，不即時反攻，他二十二歲掌實權，三十三歲方正式發兵攻打匈奴，籌措十年，可見其謀定後動，部署精密及刻忍性格。古代騎兵戰鬥力強，來去如風，步兵或戰車難以對抗。漢武帝首先囑人以重金在互通關市時，向匈奴購買良種戰馬回來繁殖，再使民間家家戶戶養馬，長大後交回國家備戰。匈奴臣民料不到漢人有此一着，漢軍遂可與匈奴周旋。

這時朝廷對匈奴的策略大大改變，非像從前的守禦而是主動出擊。以龐大的兵團，深入沙漠，圍剿匈奴的主力，加以殲滅。漢武帝並在外交國防上下功夫，一邊切斷匈奴與青海羌族的聯繫，一邊遣派張騫出使西域聯絡西域各國，孤立匈奴。元光六年（公元前一二九年），派衛青、公孫賀、公孫敖、李廣四將各以萬騎分兵出擊，展開北伐匈奴序幕。結果，衛青直搗龍城，斬首七百餘建首功。

四次戰役　殺得匈奴大漠哀號

漢軍幾次北伐中有四次給予匈奴致命打擊，打得匈奴膽顫心驚。元朔二年（公元前一二七年），衛青俘敵數千，虜得牛羊百餘萬頭，收復部分失地，置五原郡。三年後，漢軍出塞外六七百里，圍匈奴右賢王，生擒裨王十餘人，男女一萬五千餘人，牛羊數十萬。

元狩二年（公元前一二一年），霍去病萬騎出征隴西，殲滅單于渾邪王的部隊，再越過焉支山千餘里，斬首八千餘，設置涼州四郡。同年夏天，霍去病更深入匈奴境二千里至祁連山，斬匈奴三萬餘，俘二千五百人。使匈奴人哀號連連：「亡我祁連山，使我六畜不繁息；失我胭脂山，使我婦女無顏色。」渾邪王率眾四萬餘降漢。漢武帝打通河西走廊，置武威、張掖、酒泉、敦煌四郡。

元狩四年（公元前一一九年），衞青霍去病各將五萬騎出擊，衞青出塞外千餘里，遇單于軍，激戰竟日，斬首近二萬。霍去病更橫過大漠，出塞二千餘里，斬敵七萬餘，對方殘兵窮竄。霍追至狼居胥山，祭天後方才收兵。但此次匈奴極地反撲，漢軍只能說慘勝。衞青霍去病兩軍亦死傷極巨，戰馬損失十餘萬匹，可見雙方廝拚之慘烈，戰場上屍橫遍野，血侵草原。此役後匈奴遠遁，大漠南再無匈奴蹤影。

漢軍天威　絕非偶然

衞青和霍去病都是天生軍事家，每戰必勝，兩人都是外戚。衞青是皇后衞子夫同母異父的弟弟，年輕時曾為平陽公主家僕。他一生懷虛慎微，對人恭謹，活得步步驚心，驚懼漢武帝對人的反覆性格，得為武將而善終。霍去病更是奇跡，是衞子夫姐姐的兒子，十八歲隨衞青打匈奴，戰績更彪炳，只知殺敵，曾有豪語「匈奴未滅，何以為家」，廿三歲便病逝，生前極得漢武帝寵愛。

漢軍對抗匈奴倒有一個祕訣，是「以彼之道，還施彼身」。早期漢軍既然敗於缺乏戰馬，衞青和霍去病的軍隊便多帶戰馬，一個騎士通常帶兩三匹戰馬。追敵時騎一匹，接戰時另一匹，戰鬥力已取勝。追敵時兩馬替換，馬累了轉騎另一匹，所以追敵時好像忽然天兵下降，匈奴兵意料不及，見漢軍已嚇破了膽，無心戀戰。

征和三年（公元前九十年），李廣利受命出兵五原伐匈奴，李廣利兵敗，投降匈奴。漢軍士卒死亡數萬人，漢武帝中止了與匈奴的戰爭，不再出兵。匈奴人敗於漢軍，一部分投降漢朝，漢武帝收容置入關內，沒有虐待俘虜，漸漸與漢人同化。另一部分遠遁到歐洲，其部族後人於公元三世紀出匈奴王阿提拉，剽悍殘忍，見敵便殺，掃蕩東歐南歐至多惱河，西方人視之為黃禍，有對黃種人至今猶存介心。

建築巍峨　輝煌長安

公元前一二一年打通河西走廊後，漢朝勢力直達塔里木盆地，不久勢力推展到中亞。西漢的商人從長安出發，帶着絲織品和精巧的手工業製品，和中亞、羅馬、印度的商人交易。

這時長安城規範宏大，周圍六十五里，城門十二。街道縱橫交錯，小巷無數。住宅與市場分開，城內共有九個市場，分門別類。班固《西京賦》描述：「人不得顧，車不得旋。闐城溢郭，傍流百廛。紅塵四合，煙雲相連。」

在長安城內及近郊，有一百四十五所宮殿。著名的有長樂宮、未央宮、建章宮、甘泉宮，都壯麗奢華。如未央宮內以文杏為欒柱，金鋪玉戶，青瑣丹墀，無數樓台殿閣。甘泉宮是最大的離宮，中有紫殿，雕文刻鏤，飾以玉璧。樹木繁多，風景秀麗。

萬國進貢　富庶驕奢

漢武帝經三十年的經營，解決了匈奴的威脅，掌有四海圖籍，受萬國拜貢，富饒當前。不但積金巨萬，太倉之粟，陳陳相因。天馬葡萄，來自西域；明珠象齒，貢自越南。社會商貿發達，盛況空前。在長安的天空，有武帝建神明台，高百餘丈，雲雨在其下。有巨像仙人，舒掌捧飼盤玉杯，承雲雨之露。又有兩鳳凰闕，高七十五丈，各立一銅鳳凰，表徵着大漢王朝的壯麗偉大氣象。

《三輔黃圖：苑囿》說茂陵富戶：家僮八九百人，築園北山，東面四里，南北五里。積沙為洲，激水為濤，奇獸珍禽其間。時諸陵富人幾十萬戶家家如此，其富饒可知。當時貴族王侯，出入千乘萬騎，飛鷹走犬，美人帳下，田園千陌，不可勝數。時家累金千萬，食客數百十人，已非罕見。社會富庶驕奢，盛況空前，惟不免為漢人墮落之先兆。

第八章　帝主大智大勇中的缺陷

漢武帝在位之日，誅族者一案復一案，長安冤哭震天。六十八歲時，在輪台下《罪己詔》，向天下臣民認錯。當着天下人認錯自責，不能不說是大智大勇，然終究因嗜殺不仁，翻臉無情，自吃苦果。漢武帝天縱英才，嚴威過甚，有功於國，愧疚於家。

漢武帝使中華民族傲立世上，儒教光輝照耀長空，造福世間，可說大智大勇。但世上究竟沒有完人，漢武帝生命中充滿缺陷，真正快樂的時日也恐怕不多。他更像灼熱的火炬，帶來光明與熱力，但不宜親近，親近則極易被灼傷，甚而為家人與族人帶來浩劫，遭滅頂之災。

愛用酷吏　冤魂處處

一般文人，最同情大史學家、大文學家司馬遷被施宮刑。司馬遷不過替李陵仗義執言而帶來奇禍，此乃漢武帝可恨之處。既崇儒道，仗義乃美德，何刻酷至此？

武帝表面崇儒，內實重法，故用法吏，而更愛用酷吏，對臣民極嚴苛。漢武帝因要收拾長安的不法宗室豪強，首先重用寧成為內史，此人作風嚴酷，恐怕多的矯枉過正，收拾得人人自危。後來重用酷吏張湯，適陳皇后阿嬌失寵，被傳用蠱欲殺當時寵姬衞子夫，帝命張湯治獄，查黨羽，結果捕殺三百餘人。張湯訂酷法，武帝批准。於是大臣稍觸法網，每誅殺無赦。汲黯看不過眼曾挺身問帝，何必求賢未用而殺？武帝認為有才而不能報效國家，殺亦不惜。原來真是伴君如伴虎。

其實張湯亦有輕重兩手，他揣摩武帝意，帝有意寬則以平和審理，帝欲罪責，則交酷吏審理。張湯承寵，自是翻雲覆雨，舞文弄法。公卿大臣對之日日驚心，最後，朱買臣等找到張湯岔子向武帝告發，張湯驚懼自殺。張死後武帝發覺張頗為清貧，即殺朱買臣等人，如此賤視臣下生命，何其不仁！伺後仍有酷吏興獄，罪名不少誣蔑羅織，而捕殺不下十萬眾。漢武帝在位之日，誅族者一案復一案，長安冤哭震天。行文至此，方知武帝對司馬遷之仁慈。

篤信道術　渴求長生

漢武帝在全國推行儒術，自己卻喜歡道術。不少方士前來求富貴，一般都說曾會見古人傳說的神仙，勸說武帝到泰山封禪，便可像軒轅黃帝一樣鼎湖白日飛仙，長生不死。亦有以幻法騙得武帝信任，如齊人少翁用幻術使帝矇矓中見到他牽掛的李夫人，獲得大筆賞賜。少翁寫了一篇帛書，讓牛吃了，騙武帝說牛腹中有天書，是神靈所寫。武帝把牛宰了，得了天書，後來發覺是少翁的筆跡，也把少翁宰了。

一個叫欒大同的方士，美丰儀，說曾遇仙人，可助武帝求得長生不死藥。武帝為之封侯，食二千戶，許配公主為妻，嫁妝黃金十萬斤。結果露出破綻，武帝便毫不猶豫把新女婿殺了。漢武帝多次為方士所騙，仍相信有神仙存在，仍相信有長生不老藥，只是認為方士道行未足之過。

盛行巫蠱　禍起宮牆

漢武帝信神仙，信道術，但最恨巫蠱。漢律，為巫蠱者誅族。大將公孫敖妻用巫術向對頭人施法，在馳道埋木偶人被告發，一族被誅。趙破奴效命疆場，建奇功，後與巫蠱有涉，亦被誅族。武帝既信神仙方士，自然大批方士、巫覡、邪道混入宮門及權貴人家邀幸富貴。後宮既爭寵又多是非之地，不少人愛埋木頭人咒詛眼中釘，引致互相告發，原來宮內最多蠱氣。漢武帝一怒之下，又殺幾百人，血灑宮殿。

郡國趙國人江充做了壞事不能容身，跑去誣告趙王不法，武帝最惱諸王不法，親見江充，為江充所惑，拜為繡衣使者。江充主要查禁督捕京畿不法者，官小權大，其後為武帝逼得宗室豪富捐車馬及數千萬錢，深得武帝倚重，認為忠君愛國，升為都尉，貴戚近臣對他十分忌憚。征和二年，江充大興巫蠱大獄，在長安胡亂到處掘地找木頭人，操生殺大權，波及全國。結果找到許多嫌疑犯，嚴刑逼罪，前後殺了幾萬人。江充得漢武帝寵信，喜歡公主美色，要求納為姬妾，漢武帝立即答應。

逼死太子　家變皇后自殺

太子劉據正直仁厚，早年甚得父親寵愛，後來漢武帝感到太子過於仁慈，缺乏霸氣，不像他，有點冷落，但絕無廢太子之意。漢武帝年老多病，江充擔憂武帝去世後太子登基便整治自己，於是先發制人，說皇宮有蠱氣令武帝病痛，武帝便授命他可查掘皇宮。

江充預先叫人在太子宮埋下木桐人，被翻出來，要歸罪太子。太子知道武帝不會赦免有關巫蠱的人，前此已殺涉案兩女兒，無計可施，和左右商量便矯旨捉捕江充，結果把江充殺了，正準備向父親謝罪。在甘泉宮避暑養病的漢武帝見江充助手跑來，訴說太子已造反。武帝大怒，發兵圍長安捉太子，父子雙方兵馬在長安大戰五日夜，殺得日月無光，殘缺不全屍體遍佈城地，排水道變成血溝。結果太子一方戰敗，逃遁後自殺。

漢武帝把太子賓客統統殺死，隨太子造反者一律誅族。衞皇后這時年近花甲，想到兩個女兒因涉巫蠱案被武帝處死，如今太子被陷害而喪生，對着做了幾十年夫妻的丈夫，衞子夫只有孤淒絕望地自殺。這場父子兵戎相見，軍士死傷無數，累及京城被誅殺者約十萬人。這時，漢武帝雖然還有妃嬪，但可說是有國無家，真正寡人一個了。

翌年，太子被陷害真相大白，漢武帝為親子之逝而傷痛，造思子宮表哀悼，下令誅殺江充一族，遣散方士。雖仍然天照權威，但他內心淒涼寂寞，痛悔悲哀亦恐怕是天下第一人。

大勇大智　下詔罪己

漢武帝六十八歲時，內心有所體會，在輪台下《罪己詔》，向天下臣民認錯。此天下無雙，最尊貴威嚴之人，有如此勇氣當着天下人認錯自責，不能不說是大智大勇。終究因嗜殺不仁，翻臉無情，自吃苦果。漢武帝後來指定七歲幼子劉弗陵為儲君，隨即殺其母鉤弋夫人。兩年後漢武帝駕崩，享年七十，謚號孝武皇帝。

漢武帝天縱英才，聰明刻忍，嚴威過甚。有功於國，愧疚於家。

第三篇

中國古代科學成就

《漢書·藝文志》收錄目錄種類有方術、醫藥、軍事技術、歷史學、哲學、卜筮、天文等等。

在科學技術上，造紙術，製陶業、紡織技術亦有相當發展，波斯和歐洲要幾個世紀後才追上。漢代學者探究科學之成果，獨步當世，認為漢代獨尊儒學導致中國科學落後之說，不攻自破。

雖說漢武帝罷絕百家入仕之途，獨尊儒家，但漢代在中國科學史上，是一重要時期，成就輝煌，舉世無雙，絕對不受獨尊儒學之累。

獨尊儒學下　漢代科學成就超然

漢代在天文與曆法有突破性進步，對於天體運行探討深入。當時有蓋天說及渾天說兩派。蓋天說是指北極星永遠不動，北極星如蓋上之中心點，眾星繞之周旋。渾天說則說天體如雞蛋，地球如蛋黃，懸浮在蛋白中。結果屬於事實的渾天說辯勝。中國在這方面的科學知識，比西方哥白尼太陽中心說，早了千多年。

其他如地理科學、動物學、植物學都已有系統性之建立。淮南王劉安領導門客編撰之《淮南子》，是中國古代科學思想的重要典籍。河間王之《考工記》在技術學上極有價值。此時代學者有懷疑派與理性派，在知識分子中思潮普及，煉金術已廣為道家學者探索，煉金術實是人類探索物質元素變化之始。王充之《論衡》反對迷信，充滿科學求證思想。觀此，漢代學者探究科學之成果，獨步當世，認為漢代獨尊儒學令致中國科學落後之說，不攻自破。

在文獻學上，編纂已作系統的發展，《漢書．藝文志》收錄目錄種類有方術、醫藥、軍事技術、歷史學、哲學、卜筮、天文等等。在科學技術上，發明造紙術，製陶業、紡織技術亦有相當發展，波斯和歐洲要幾個世紀後才追上。佛教大約公元六五年傳入中國，經百年之後，佛教經典在洛陽被譯成中文，擴大知識界視野。

隋唐科技　發展大步邁進

隋文帝統一天下，國土南疆伸展到安南，西至哈密。其子隋煬帝在史筆下是個壞皇帝，但他登基後最重視建設水利系統，建造著名的南北大運河。把南方和政治中心的北方連貫起來，造福後代千年。據稱開鑿運河動用五百五十萬工人，這樣偉大的工程當然帶來苛索和暴政，但誰都知道只有暴政而缺乏科學進步的工程人員，根本不可能成事的。隋朝成功的水利工程正好反映中國在這方面的科學，隨時代而進步。

這個時代流行葛洪所著的《抱朴子》，是道家著名典籍，唐代道教大盛，對煉丹專注研究。但注意到道家有種習慣，是擇人而傳，不同佛教佛門大開，只要放下屠刀，還可以立地成佛，煉丹恐怕還是小圈子流傳的多。由於唐代亦流行佛教，開始大量印製佛經，印刷術出現長足之進步。儒家經典受影響也用木版刊刻，大約公元九三二年開始，以木版印出的書，一書有多至百三十卷。道家書籍，則在四川開始印製。印刷術廣泛使用，比歐洲早近五百年。

唐代在科學上最觸目的成就，恐怕是來自盛名遠播的天文學家和數學家一行僧。他對恆星年（三百六十五日六時九分九餘）有幾近正確的計算。相傳唐玄宗給予他極大方便，要他量度「天下」究竟有多大，結果他不負所命。後來許多人都認為所指天下，不離當時國境。誰知上世紀五十年代古史學者衞聚賢，著有《中國人發現澳洲》【注】一書，書中指出中國人早到南半球，列出一些星辰及觀察的度數要在南半球才看到。例如新西蘭國旗上南十字星在北半球便看不到。衞聚賢相信是一行僧或其手下早便親到南半球勘察。（此則資料尚未見其他佐證，暫且存疑。而星辰名稱及觀看角度均有列出。冀有讀者日後能證其是，或證其非。）無論如何，唐代之科學成就，絕不會因漢之獨尊儒家而扼殺。

宋代科學　集前人大成

宋代軍事積弱，但在文化及科技發展上，能達到前人未及之高峰，在純科學及應用科學上取得空前成就。在橋樑建造上，宋人已懂用沉箱和橫斷的裁牆方法。造船業有簇新進展，發明船尾舵，有腳踏動槳的船隻，社會上均普及應用。約於公元一一〇〇年，李誡著《營造法式》，為中國古典建築不可多得之傑作。宋代最重要發明，當推化學上成就。唐代開始小圈子煉丹，到宋已出現成效，懂得應用火藥禦敵，最先於宋金戰場上，已有投擲爆炸的炸彈，威力當然不及今天，也有紀錄宋軍曾在戰場上用降落傘。

公元一〇四〇年《武經總要》已有「火藥」一詞，記載有「訊號煙霧」、「毒氣」、「噴火器」的使用。宋代在生物學方面也極有進展，許多名醫在這一時代出現。醫藥植物學的《聖濟總錄》達至空前水平，流行於金、宋坊間。十二三世紀的《大觀經史證類本草》比歐洲十五六世紀同類書籍高明得多，而有關動物學和植物學的專論相繼面世。真一時之盛。

王安石以改革新政名聞於世，但誰料到他對植物學、農業、與紡織業均有深切的研究。宋代科學著作最偉大的成就是沈括的《夢溪筆談》，沈括是蘇東坡的朋友，兩人合著醫方名《蘇沈良方》。《夢溪筆談》約成書於一〇八六年，內中最先詳述磁性與羅盤，注意到化石，敘述冶金和製圖學，想不到還提及殺蟲藥。該書包含許多天文學、數學、生物學的敘述。全書共二十六卷，每卷又分十五至三十個項目，可見收集之豐，氣魄之大。沈括還是一位數學家，同時代的數學家還有秦九韶、李治和楊輝，這些偉大的數學家，今日能知道其名字的人恐怕罕有了。

歷史讀本少談科技　誤會落後

中國人對於科學的成就和貢獻，在明代達至高峰。只看鄭和下西洋的艦隊結構和遠航成就，便知道背後非有深湛的科學知識不能成功。光是在茫茫大海中數百隻艨艟巨艦互通消息，在沒有電子通訊設備的幾百年前，簡直不可思議。

歐洲近代對科學的研究和活動，實際上由十五世紀開始，恐怕亦深受中國古代科學成就所帶引。中國科技上輝煌成就不為社會上廣泛認知，便歸咎於漢武帝獨尊儒家，遂使國人誤會中國科技落後。筆者認為只因歷史課本少談科技，使常人忽略中國科技成就，而非國人知識分子忽略對科技的關懷與努力。

【注】筆者早年便搜求衞聚賢著述，包括為當時惹起談論的《中國人發現美洲》和稍後出版的《中國人發明現澳洲》，衞老自述參考九百餘種古籍綜合資料而寫。時人有認為頗有荒誕之處，後其論述日見正確，本書後章述及。

第十章　鄭和艦隊西抵佛羅倫斯

宋代《諸蕃志》對羅馬已有載述，稱羅馬為「蘆眉」，《明史．外國傳》稱之為「魯密」。元朝稱教皇國為「佛郎國」，稱梵帝岡為「拂林」或「佛郎」。一三七一年明太祖時與教皇國已有外交往還，所以，後來鄭和艦隊遠到羅馬和威尼斯便毫不稀奇。艦隊隨員有各國不同領域學者人才。艦隊到達其他國家，交換國書之後，使臣便會提供地圖和天文表給國君，讓他們能到中國朝貢。

中國技術的發明，在西曆紀元前的第一至第十三世紀中，好像流水一般，不斷輸進歐洲【注二】。所以說中國科學影響西方科技，絕不為過。西方十六世紀突然出現文藝復興，和中國有沒有關係呢？

古籍中寶藏　可疑的世界地圖

一五七七年，耶穌會傳教士利瑪竇（一五五二—一六一〇），為了傳教來到明朝。他繪製了一幅世界地圖，中國位處地圖中央，包括了左方的歐洲非洲和右方的南北美洲，使當時國人眼界大開，方知天下之大，世界之奇，為知識界帶來了震撼性效果。

但社會進步，訊息發達，不少資訊漸漸浮露出來。原來這幅《坤輿萬國全圖》是參考中國一四一八年已存的《天下諸番識貢圖》而繪製。這幅十五世紀初的「天下」地圖，畫出地球上所有明顯的大陸和水域，包括南極、北極、格陵蘭，還有美洲和澳洲。利瑪竇的「坤輿」圖中記載一千一百多個中文地名，有學者逐一與西方史料對比，發現其中有三百六十多個地名未曾在歐洲地理史料中出現過。

「坤輿」圖中顯示出北美洲哈得遜灣，稱之為「哥泥自斯湖」，並有注釋。英國航海家哈得遜於一六一〇年七月才進入哈得遜海峽，利瑪竇一六一〇年三月逝世，可見利瑪竇的訊息不可能來自歐洲。而是參考《道藏》叢書而得。

《道藏》叢書是一套道教巨著，包括許多自然科學的知識。由於近三四百年來道教不若前朝的興旺，《道藏》遂為許多學者忽略。對於古地圖，今人劉鋼【注二】專著言之甚詳，其中展示出一幀一四一八年由中國人繪成的世界地圖，令人大開眼界。大洲大洋的佈置方向方位，已和現在的地圖一模一樣。

鄭和艦隊與《永樂大典》寶庫

現存古代知識寶庫中最著名的是《四庫全書》，其實比《四庫全書》更完備的當推《永樂大典》。永樂大典在明朝永樂年間編彙，前後動用朝野兩千一百六十九位學者編寫，共一萬一千零九十五冊，全書約三億七千萬字，包括經史子集，及至天文、地志、陰陽、醫卜、僧道、技藝之言。彙集了中國二千多年各領域的知識。亦收錄製造擊火箭筒、大砲、火餃器和各式火藥的詳細說明。其中包括一三一三年初刊的《農書》，提供農業機械圖解和說明，教人製造實用的農具。包括水輪推動風箱、風車運轉的磨坊、活塞桿、水輪紡織機、起重機、水車、鍊泵等等，有助改善日常生活。

《永樂大典》保存古代典籍七千至八千種之多。清代的《四庫全書》也不過三千餘種。《永樂大典》是中國古代科學文化的皇皇巨著。經多次戰火、流失、監守自盜，今尚存約四百冊，不到原書的百分之四。

《永樂大典》是明成祖在世時一偉大貢獻，另一成就是差遣「鄭和下西洋」。甚至七八十年代，我們認為誤傳了，鄭和只是「下南洋」。現今資訊發達，科學進步，今人英國退役軍官孟席斯（Gavin Menzies）【注三】的著述《1421》和《1434》，認為鄭和的艦隊不止遠至西方埃及，甚至到過北極和北美洲。其手下四大艦隊，曾環行整個地球，而且繪製成環球世界地圖。而西方許多早期地圖所載地域，均於該時期航海家尚未涉足。

《明實錄》載鄭和合計造了三百四十三艘船隻。後人估計艦隊大小船隻先後共造兩千七百二十六艘，艦隊隨員有各國不同領域學者人才。艦隊到達其他國家，交換國書之後，使臣便會提供地圖和天文表給國君，讓他們能到中國朝貢。

科技西傳　文藝復興

今日西方之文明沿自地中海文明，地中海威尼斯及佛羅倫斯因地理位置優越，商貿興旺，首先富強起來。當時歐洲文明知識掌握在教會手裏。孟席斯認為當鄭和艦隊成員遠到佛羅倫斯，特使把中國製的地球儀送給教皇，他們把計算經度和緯度的方法告訴歐洲人。這直接促使歐洲人在五六百年前有信心於滔天巨浪、遙無邊際的大洋遠航，致使發現美洲和環繞地球一周。

原來，宋代《諸蕃志》對羅馬已有載述，稱羅馬為「蘆眉」，《明史．外國傳》稱之為「魯密」。元朝稱教皇國為「佛郎國」，稱梵帝岡為「拂林」或「佛郎」。一三七一年明太祖時與教皇國已有外交往還，所以，後來鄭和艦隊遠到羅馬威尼斯便毫不稀奇。

一四三四年鄭和艦隊成員造訪佛羅倫斯，當時教皇尤金四世（Eugne IV，一三八三—一四四七）與教廷會議不和，帶了一群熱心宗教的高級知識分子進駐佛羅倫斯。遇到中國艦隊隨員，中國各領域學者便和西方學者切磋交換學問，把大量中國古代科技知識相授，包括高深數學、天文學、星曆表、繪製地圖學、測量學、機械工程學、火器等等的學識。

地球繞日　教士首先發現

由於數學能辨正天文學上的真確，前衞的西方科學家開始相信地球不是宇宙中心，地球是繞太陽運行。僧侶哥白尼晚年公開這個震驚當時歐洲的自然祕密。有說從當時記載和哥白尼本人的著作來看，他很少進行天文觀測，他主要通過前人的觀測結果，思考計算後，形成這種天文學觀念。筆者不禁要問，哥白尼生前有哪些前人、可以有儀器觀察複雜的宇宙天體現象呢？

中國學者向佛羅倫斯知識分子傾授古代科技知識，據推算是把艦隊帶來的《永樂大典》給他們參閱、抄錄，或索性把部分冊本留下來給他們研究。文藝復興時期主將達文西才華出眾，在各方面成就均異常出色。由於當時常發生地區性戰爭，武器要求甚殷，達文西留下許多超時代的武器設計手稿。例如超巨型戰弩、大砲、裝甲車、輪齒轉動的機械結構等等。還有同時代其他學者許多發明的手圖，都可以在中國古籍插圖中一一找到相近類似圖稿。再比對兩者插圖，讀者心中自有結論。

或有人認為此說尚欠充分證據，但各種推論有如池畔水仙花之倒影，從中亦可窺見水仙花之狀貌。礙於篇幅，本文只是點到即止，讀者若有興趣，可細閱本文介紹之書籍。

【注一】李約瑟著《中國之科學與文明》第一冊，第七節。

【注二】劉鋼著有《古地圖密碼》，又名《中國發現世界的玄機》，由台北聯經出版事業公司出版。筆者極度推崇此著述。

【注三】孟席斯（Gavin Menzies），英國海軍退役軍官，著有《1241》及《1434—中國點燃義大利文藝復興之火》，台灣遠流出版。兩書詳述鄭和艦隊經歷、及對近代西方世界文化影響，資料豐富，釋述甚詳，推論可信性極高。

第四篇

鲜卑英主孝文帝

第十一章 北魏民族大融和

孝文帝拓拔宏是個氣魄雄偉的帝君，他認為要鞏固北魏的統治，一定要吸收中原文化，改革落後的風俗。他的出現創造了文化史上極重要的角色，把北方遊牧民族社會的生態，過渡為農耕文化的生態，進而為漢人衣冠，漢族文教的社會。

西晉末年的八王之亂後，數以百萬計的北方少數民族紛紛闖入中原，史稱五胡亂華，前後建立了眾多國家。其時戰爭連年，土地荒蕪，人民遭到殺戮摧殘，鐵騎下血腥處處，文明崩潰。

其後東晉大臣劉裕篡位稱帝，在南方建立劉宋王朝。後來北方鮮卑族強大，族人建國北魏，統一黃河流域，對峙成南北朝。南朝經歷宋齊梁陳四個朝代更迭，北魏後分裂為東魏西魏，兩國又被篡為北齊北周。公元五八一年北周大臣楊堅篡位建立隋朝，隋朝再次統一中國南北大地。結束長近三百年混亂的南北局面。

北魏統一北方　融和胡漢

在這幾百年乾坤混沌中，北魏的出現創造文化史上極重要的角色，把北方遊牧民族社會的生態，過渡為農耕文化的生態。也可說由半奴隸社會，進而為漢人衣冠，漢族文教的社會。北魏之所以有如此時代貢獻，端賴孝文帝的出現，而孝文帝的秉性才略，卻是北魏馮太后調教出來的。今先談北魏孝文帝，再說馮太后。

北魏皇興五年（四七一年），獻文帝退位，年僅五歲的拓跋宏為帝，史稱孝文帝，由祖母馮太后攝政。馮太后是漢人，對鮮卑人建立的北魏進行了一系列改革，孝文帝深受影響。太和十四年（四九〇年）馮太后去世後孝文帝親政，秉承馮太后的政策，更大刀闊斧進行漢化改革，大大提高鮮卑人的文化和生活水平。

北魏自拓跋珪開國，各級官吏皆無俸祿，平日都要依賴貪污、掠奪和皇帝賞賜來獲取財富。在建國之初，這種遊牧作風不足為奇。但政權在中原北方確立後，以掠奪增加財富的風尚，即帶來嚴重的問題。隨着戰事的減少，掠奪的機會有限，各級官吏為了滿足私囊，便毫無顧忌地搜刮民脂民膏，導致社會基層動盪，人民痛苦，管治出現危機。

其次，當時遊牧為業的鮮卑人進入中原，到處圈劃田地為牧場，使大批農民百姓流離失所，饑民遍地；豪強大戶佔有土地，築塢自保，形成割據擁有千百戶人家的地方勢力。此中隱瞞人丁，逃避稅賦，嚴重影響朝廷收入，且有礙中央威權。因而想國家安定強大，推行漢化社會組織，是必然的趨向。

漢人馮太后政治天才　倡導政改

馮太后攝政之時，開始推行改革。解除牧民圈佔良田，實行均田制，授田農民，令流離失所的農民有所耕養，增加國家勞動人口和稅收。接着便整肅吏治，向朝中大臣頒發俸祿，以品秩高下確定其俸祿的等次。委官員巡察，食祿而貪污貪贓者，裁之以法。地方官員坐贓處死者四十餘人。經此整飭，北魏吏治大有改觀。

朝廷又實行三長制。定五家為一鄰，五鄰為一里，五里為一黨。鄰、里、黨各設一長，合謂三長，由本鄉能者德望者充任，負責檢查戶口，催徵賦役，管理生產，維護治安。這樣增強了國力，提高了中央政府的權威。朝廷在推行改革時，尚下令興修水利、官營鹽鐵、振興貿易。並去奢從儉，省汰宮婢。以及尊崇孔子，大興學校，學習漢人禮法，以孝治國。於是鮮卑族人逐漸適應漢人的生活方式和禮儀。

孝文帝拓拔宏是個氣魄雄偉的帝君，他認為要鞏固北魏的统治，一定要吸收中原文化，改革落後的風俗。北魏定都平城（山西大同）已近百年，這裏氣候惡劣，生產糧食已不能滿足日益增加的人口，控制中原也出現問題，便思遷都。

孝文帝遷都以術　用心良苦

孝文帝怕大臣反對遷都，不免運用手段。他首先在朝中提出要攻打南齊，大臣紛紛反對，任城王拓跋澄最為激烈。孝文帝老羞成怒說：「國家是我的，你要阻撓我用兵嗎？」拓跋澄反駁說：「國家雖然是陛下的，但我是國家大臣，明知用兵危險，哪能不反對？」孝文帝宣佈退朝，回到宮裏，單獨召見拓跋澄，說出要移風易俗，強大國家，非遷都難辦得好。拓跋澄恍然大悟，馬上同意孝文帝的主張。

公元四九三年，孝文帝率三十多萬大軍南下，到了洛陽，正好碰到秋雨，足足下了一個月，道路泥濘，舉步維艱。大臣都不想打仗，乘機進言罷戰。孝文帝嚴肅地說：「這次我們勞師動眾興兵，若半途而廢，難免為後世恥笑，如果不能南進，便把國都定於此地，還說得通。」雖然多人不贊成遷都，但總比南征好，於是都贊成了。孝文帝安頓眾人在洛陽，再回平城召集其他朝臣到洛陽。

孝文帝遷都洛陽後，更徹底進行漢化。北魏政改，對當時乃至整个中國歷史，影響極為深遠。當時因漢化而開墾荒土，造成農耕發達，食糧增多。畜牧業相應改善，刺激社會手工業發達，商業活動日趨活躍。政改中漢人也吸收外族優良文化，促進胡漢民族的融合，鞏固國家的統治，奠定隋唐統一中華盛世的基礎。孝文帝遷都洛陽後，重要的漢化措施有：

一、禁穿胡服，自已是漢帝衣冠，士民須穿漢服。

二、禁止胡語，年三十以下者禁鮮卑語，均從漢語。官吏朝中可說鮮卑語。

三、量度制改用尺寸斗。

四、推廣教育，設國子學。

五、遷洛陽者籍貫改為洛陽。

六、禁止歸葬，凡居洛陽鮮卑人死後葬於此處，不准北歸。

七、改變姓氏，拓跋氏改姓元，拓跋宏稱元宏。其餘功臣舊族多改漢姓。

鮮卑人改漢姓是漢化重要一環，掃除漢胡通婚心理障礙。拓跋王族改姓元，勳臣八姓改姓穆、陸、賀、樓、劉、奚、嵇、尉。這八姓貴族的社會地位，與北方漢族的最高門第崔、盧、李、鄭四姓相當。其他尚如：拓跋貴族改為長孫，紇骨改胡，達奚改奚，賀葛改葛，駱拔改駱，薄奚改薄，阿單、渴單改單等等【注】。

太和二十三年（四九九年），拓跋宏病逝，享年三十三歲，葬於長陵。

後人論孝文帝改革功過

北魏因漢化而强盛，國民較幸福。政改成功看似理所當然，其實根深蒂固的觀念一定排山倒海而來，非有過人魄力與能力不能成功。古史有批評他漢化「好名慕古而不實見國家大計」、「國勢之衰，實始於此」之語。亦有人認為改革丟棄了拓跋氏勇武長處，削弱了北魏的兵力。這都是鼠目寸光的誇誇之調。筆者認為即使孝文帝不改革，北魏也自有招篡奪之因。歷史中元朝兵力最盛，而亡國最速，正是因為忽略治國文教。古代批評者未見元朝傾頹之迅，持此謬論，不足為怪。

【注】鮮卑人所改漢姓，或早見於漢人社會。如現之姓元者，非一定出於鮮卑拓跋族。

第十二章　奇女子北魏馮太后

馮氏幾年間從卑賤的宮女，一躍為天下國母，可說一步登天，而她早諳世事，洞悉人情，故並無驕矜之色。後馮被尊為皇太后，臨朝聽政。此時的馮太后已趨成熟，無論才識、氣度還是政治經驗，已非少女時代可比。她立即設計鏟除了陰謀篡權的重臣，穩定政局。

傅庚生在《中國文學欣賞舉隅》中引南北朝作品《楊白花歌》，說「情深而韻永」。楊白花歌詞：

陽春二三月，楊柳齊作花，春風一夜入閨闥，楊花飄蕩落南家。

含情出戶腳無力，拾得楊花淚沾臆；春去秋來雙燕子，願銜楊花入窠裏。

作者引文如下：《梁書》載「楊華少有勇力，容貌雄偉，魏太后逼通之。華懼及禍，乃率其部曲降梁。太后思之，為作楊白花歌，使宮人連臂蹋足歌之，聲甚悽惋。」事說北魏太后戀俊男楊華，楊不從，懼禍而逃亡到南朝梁國。太后以楊花代表楊華，思憶而作歌，以表懷念悲痛之情切。「含情出戶腳無力，拾得楊花淚沾臆」果然抒吐哀切情真之句。其時魏太后不過壯年，後人有說其多情，亦有說其淫放，相傳乃北魏靈太后作。本文所說的馮太后，有近風格，更為曲折精采。

年幼入宮　歷盡世情

馮太后（四四二—四九〇）名馮淑儀，祖父是北燕皇帝，父親是北魏的降臣，乃出身貴胄，但身世傳奇。北魏大將軍馮邈帶兵征討柔然，戰敗投降，帝誅殺馮家老小。侄兒馮朗被賜死，朗子馮熙逃到羌族保命。女兒馮淑儀幾經波折，八歲以帶罪之身入宮為小婢，因聰慧機敏，成了少年皇子拓跋濬伴讀。

後來年僅十三歲的拓跋濬稱帝，為文成帝。馮十一歲被選為貴人，繼而為皇后。文成帝不拘民族成分，用漢族出身的能臣，對馮的影響不淺。馮氏幾年間從卑賤的宮女，一躍貴為天下國母，可說一步登天，而她早諳世事，洞悉人情，故並無驕矜之色。

柔然進犯北魏，馮皇后召回藏身羌部的哥哥馮熙領兵與柔然軍隊交戰，大獲全勝，洗掉馮家當年恥辱。文成帝年僅廿六歲時英年早逝。火祭之時，馮皇后哀傷下縱身火海殉情，被侍官李弈救出。馮之殉情，可能感到命途多舛，無所依靠，生而無戀。而重生後，彷彿有所頓悟，人生態度大有轉變。

十二歲的獻文帝繼位，馮被尊為皇太后，臨朝聽政。此時的馮太后心智已趨成熟，無論才識、氣度還是政治經驗，已非少女時代可比。她立即設計鏟除了陰謀篡權的重臣乙渾，穩定政局，遂還政於帝。獻文帝妃李夫人生了拓跋宏。按北魏祖制效漢武帝，凡后妃所生之子被立為太子，生母皆被賜死，以防母貴子幼，專擅朝政。馮太后見長孫拓跋宏生母已死，便全心照顧教導孫兒。獻文帝親政以後，貶斥了不少馮太后寵信大臣，提拔一些對馮太后不滿的人，結為心腹。

殺戮賞罰　決於俄頃

北魏拓跋氏本為遊牧民族，無甚男女之防，貞節觀念亦淡薄。文成帝死後，廿餘歲年輕的馮太后不耐衾寒凄冷，寂寞度日，便選偉岸俊儀男子為伴。李弈曾在火海救出馮太后，又儀表堂堂，善解人意，因而深得馮太后寵愛，經常入侍宮中。及後李弈與兄長被誣，獻文帝藉機下令殺死李弈兄弟，提拔誣告者李欣為尚書，參預國政，使馮太后難以容忍。

獻文帝本好黃老釋道之學，愛與士大夫和沙門談玄理，表現薄富貴，厭國政。皇興五年（四七一年）禪位給五歲太子拓跋宏，即史稱之孝文帝。十八歲的獻文帝則做太上皇。後太上皇不禁寂寞，國務要向他奏聞，又與外國使節交往，惹得馮太后不滿。公元四七六年太上皇應召晉謁馮太后，被伏兵擒拿，強行軟禁，隨後去世，都說是馮太后加害。

馮太后聰明果決，於深宮長大，體會到皇宮內隱藏着的爭鬥與殺機，磨練到再非溫柔婉順，而是果斷決策，擅長以權術駕御群臣。獻文帝死後，政局又動盪起來。為了長治久安和鞏固權力，馮太后整頓朝綱，恩威兼施，表現高超的政治智慧。

首先，馮太后殺死誣告死李弈兄弟的李欣，以謀叛罪誅殺孝文帝外祖父南郡王李惠一族。有大臣因獻文帝被害憤然拔刀自刎，馮太后不僅不怪罪他，反而下詔嘉獎他的節義，是非分明。馮太后又除掉令人痛恨的貪官，處置貪贓的外地刺史，樹立了朝廷整頓吏治的良好形象。一些為官清正廉潔者，則得到不同程度的表彰和賞賜。

馮太后再次親政後，扶植賢能之士做親信，委為心腹。更毫無顧忌，選拔不少偉岸男子為其新寵，組成效忠她的核心。其中有拓跋氏貴族，漢族名士；有朝廷大臣，也有內廷宦官。漢族名士不少是她入幕之賓，寵幸之臣。太原王叡、隴西李沖，便是能臣之表表者。馮太后明察多智，殺戮賞罰，決於俄頃，朝廷上威福並作，人人誠心效忠。

悉心栽培幼主　成就孝文帝功業

馮太后曾感到孝文帝過於聰慧，擔心日後對自己不利，想要廢掉他。嘗有宦官對馮太后搬弄是非，說孝文帝的壞話，馮太后盛怒之下，把他痛打了一頓。但孝文帝默然接受，並不申辯。終於馮太后被孝文帝的純良感動，此後以一個慈祥祖母的身分栽培這位至性的皇孫。

馮太后看着孝文帝一天天長大，親自作《勸戒歌》三百餘章和《皇誥》十八篇，作為他學習和行為的準則，治理天下的要理。馮太后在生活上厲行節約。臨朝之初，她就下令禁止各地上貢鷹類鷙鳥。平日穿戴，皆是縵繒（沒有花紋裝飾的絲織品）。至於膳食，僅在一種寬僅幾尺的几案上就餐，使原來的食譜減少十分之八九，杜絕了奢侈鋪張，使孝文帝也養成了節儉樸素的性格。

太和十四年（公元四九〇年）九月，四十九歲的馮太后死於太和殿。她臨終遺旨安葬務行儉約，陵內不設明器，瓷瓦之物皆不置。但孝文帝終於以國君的規格安葬祖母。其後孝文帝遷都洛陽，全面實行漢化，改革大業發揚光大，馮太后亦當瞑目黃泉。

馮太后是漢人，極力推行漢化。她是一系列改革的實際主持者，真正的領導人。馮太后在實踐改革中，盡可能讓孝文帝參與，使他得到鍛煉。後來事實亦證明睿智的孝文帝確是可堪造就之材。

身後評價兩極　事實造福乾坤

馮太后身後評價兩走極端，有認為她荒淫狠辣，有認為她才幹卓越，目光遠大。她的生命軌跡，唐代武則天與之有極相似之處。而從民生角度來看，馮太后之可敬，因為她不是只為權力而利慾熏心的後宮女人，而是擁有宏觀政治理想，興邦興國，勞心勞力的偉大政治家。在南北朝的血腥暴亂時代，她的出現不啻造福社稷，使許多平民百姓在較安樂的日子過活。

第五篇

天可汗唐太宗

第十三章　李世民蘊藉文教　塞外雄風

李世民母親竇氏是鮮卑人，所以他的血液中潛藏着塞外雄風稟賦，而性格上又有中華文教的蘊藉。李世民的軍隊，接陣常常得到完美的結局。李世民稱帝後，民間敬奉的觀世音因而避諱改稱「觀音」。

說中國明君，莫不道及唐太宗，唐太宗可稱帝主之典範。但唐太宗帝位得之絕不光彩，咎之者每說其殺兄殺弟，逼父李淵退位方得登大寶。筆者亦認為太宗絕非完人，惟對之深責奪嫡卻不以為然。

中華文教蘊藉　塞外雄風稟賦

唐太宗生於隋開皇十八年（五九九年）。父李淵自稱祖籍隴西李氏，但李世民的血脈淌流着胡人血液恐怕更多。李家是隋王朝的親戚，楊堅未當隋文帝時和李淵是好朋友，兩人同娶獨孤氏女兒為妻。李淵是漢人，但祖上早已胡化，西魏時且被賜姓大野氏，到北周才恢復李姓。李世民母親竇氏是鮮卑人，所以他的血液中潛藏着塞外稟賦，而性格上又有中華文教的蘊藉。李世民有同胞兄弟三人，兄建成，弟元霸、元吉，元霸早逝。

他所以叫世民，原來一段正史有載故事。四歲時有相士入府替他們看相，見到世民時驚說他有「龍鳳之姿，天日之表，能濟世安民」。李淵聽了初而高興，隨之甚感不妥。有「龍鳳之姿，天日之表」，豈不是會當皇帝？一想不妥，當今皇帝在位，若相士言傳出去，有抄家滅族之厄。

便立即派人追殺相士，豈料已失相士蹤影，但還是把兒子命名「世民」。原來隋煬帝登基後，暴政連連，有方士傳出「李氏當為天子」童謠，煬帝曾有殺臣子李渾前科，李淵因此顧慮。李世民稱帝後，民間敬奉的觀世音因而避諱改稱「觀音」。

李世民高瞻遠矚　沉毅勇武奪江山

隋末民不聊生，天下大亂，烽煙四起，李淵身為太原留守，屬朝廷高官，縱然世道殘破，大勢危如覆卵，但仍只觀望，不敢揭竿而起。

大業十一年李世民十六歲，隋煬帝楊廣被突厥始畢可汗圍困，李世民即應詔救駕勤王。翌年，李淵被農民軍包圍，李世民率領小隊人馬，如飛將軍下臨，衝進重圍把父親救出來。晉陽令劉文靜慧眼識英雄，傾心結納李世民。當時李密造反兵困洛陽，隋煬帝遠走揚州享樂。劉文靜因嫌被捕下獄，出獄後向李世民分析天下大勢，直接向他建議造反，其時叛軍出現已有五六年，而各路勢力中，以太原李淵最有條件造反。李淵為太原留守，有兵權、有地盤、還有晉陽宮屯積軍需財富，為當時四十多股叛軍勢力所無之優勢，但李淵始終猶豫不決。

李世民既有此志，早已禮賢下士，廣納豪傑。終與劉文靜裴寂商議令李淵下決心造反。先是由裴寂送宮女為李淵陪酒陪睡，翌日說出此等女子為帝王宮中人，非同小可。又說出李世民早已着手籌備造反，只待李淵首肯。李淵只好裝成勢成騎虎，無可奈何地答應了。隨後募得精兵三萬，得米九百萬斛，鎧甲四萬副。劉文靜出使突厥，得應允援助。

大業十三年七月李淵正式誓師，元吉留守太原。李軍迅即拿下三城，繼續進軍靈石，守軍堅守拒戰，又遇豪雨前進不得，糧食將盡，李淵洩氣，下令撤回太原。李世民知道後大哭，訴說一經撤退軍心便散，將四潰而逃。敵人追擊，凶多吉少，一眾死期便在眼前。李淵一想不錯，急急召回兵馬。

李淵多番猶豫退卻　世民數度痛陳利害

兩陣相對二十六日，李世民率數騎繞城罵戰，守將終忍耐不住，開城出戰，結果給李世民攻破，士氣大振。一戰之後，李世民決定壯大隊伍，收編地方武力，甚而是土匪土豪。另策是強行西進，奪取永豐糧倉。於是兵渡黃河，沿途收編土匪及餓民，出兵只不過三個月，雄師已增為二十萬人，李世民當時只有十八九歲。

李淵爭霸的戰役，並非完全順利，但李世民的軍隊，接陣常常都得到完美的結局。最初打敗薛仁杲的軍隊，坦然無私地把其殘部交給薛的兄弟和部將統帶，還和新降之敵一起打獵，信賴豁達，大度之處令人心折。

李淵登基後，也許還記得相士說世民的話，從後事看來，對李世民頗為忌憚。他一直派四子元吉為太原道行軍元帥、并州總管，劉武周派兵進襲，元吉即帶同妻妾財寶連夜逃回長安。李淵又派裴寂堵截劉軍，給劉部將宋金剛打個落花流水，於是李淵宣佈放棄河東。李世民聞後，力陳不能放棄太原，願領兵三萬力戰宋金剛，結果又獲大勝，宋部將尉遲敬德且領八千兵馬來降，戰事以劉武周和宋金剛走遁突厥告終，元吉失地則全部收復。

破王世充竇建德　建大唐王朝

此一戰役後，李淵擁有河東河西，能相抗的只有河南的王世充和虎視河北的竇建德。兩股巨大勢力，卻同時一股惱兒被李世民消滅。王世充是胡人，趁天下大亂據洛陽稱帝，國號鄭。竇建德一早造反，隋視之為反賊。豈知煬帝被臣下宇文化及所弒後，竇卻哭煬帝，保護蕭皇后，王世充篡隋與他絕交，並未將之視為同路人。

李世民伐鄭，兵分五路。王世充堅守多日，和世民降將屈突通接戰，八千人被俘被斬，遂閉城堅守，且放下私怨邀竇建德相助。這時唐軍圍攻多日不下，又知竇建德十萬援軍浩浩蕩蕩將到，有將領提議回師，李淵亦有此意，李世民當然執意反對。

這時李世民兵分兩路，一路繼續圍城，自己則率兵進虎牢迎戰竇軍。世民認為竇軍不過烏合之眾，紀律不嚴，便採堅守不戰策略。終於，一日兩軍對陣叫囂，建德部隊自辰時喊到午時，炎炎烈日下已口燥唇乾，正待收兵。不意一彪人馬突然從陣後殺至，衝穿陣型，混戰結果，竇建德墮馬被擒，勝負立分。竇建德被解到李世民面前，李世民向之責備：「我攻打王世充，又與你何干？」建德說：「不趁早送上門，怕你多費手腳！」王世充見事已如此，自綁出城投降。

自武德三年七月出兵，至王世充投降，前後共十一個月，黃河南北盡入大唐版圖。

第十四章　李淵偏私　太子進逼

李世民用人以才幹為準，大膽用曾敵對之人，也從不避嫌用至親，賞罰以功過為憑。秦王府猛將如雲，才士如雨。李世民手下於是形成了一個強大的人才集團。

武德元年六月，李淵稱帝後立長子建成為太子，世民為秦王，元吉為齊王。當時李世民十九歲，幕僚人才濟濟，有父母妻族成員，有通家世好從屬；有才氣縱橫策士，有攀龍附鳳的官僚；有滿腹經綸的書生，有衝鋒陷陣的猛將；種族有胡有漢，個性有正有邪。一時間天下英才都好像集中於秦王府，而難得的都對李世民貼貼服服。

秦王府猛將如雲　才士如雨

李世民用人以才幹為準，大膽用曾敵對之人，也從不避嫌用至親，賞罰以功過為憑，非以感情恩怨為據。秦王府有三大樑柱，先說長孫皇后兄長孫無忌，他與世民交於微時，對李世民竭誠忠心。其人博學多才，善謀略，事事與世民綢繆計劃。因分屬至親，更會穿房入室秉燭而談，後為凌煙閣開國功臣之首。

次說房玄齡。他最愛為李世民網羅人才，每攻下一地，人家搜括珠寶，他則重視人才。無論謀臣猛將，都替李世民安撫籠絡，安排職位，務求人盡其才，安心發揮。房玄齡撰寫文書還有一手，李淵嘗讚賞他寫的報告入情入理，無懈可擊。第三人乃杜如晦，此君善於決斷，世民即使與房玄齡長孫無忌商量好策略，得出結論後，總愛找杜如晦聽聽最後的意見才放心。後人因而有「房謀杜斷」一句成語，指出兩人特長，亦表示合作天衣無縫的佳話。

此外府中文士尚有孔穎達、顏師古、虞世南、褚亮（褚遂良父）、薛收（薛道衡子）等一群經師學者。

武將驍勇　集天下精英

李世民手下武將陣容堂堂，均是可以獨當一面的人物。有李勣、尉遲恭（敬德）、秦瓊（叔寶）、程咬金（知節）、侯君集、張公謹、段志玄等。秦叔寶和程咬金先是同為李密門下，後同歸王世充。後來，兩人感到王世充好弄權術、愛聽小人話，齊齊奔投李世民。河東美良川之役，秦叔寶破尉遲敬德陣，李世民特犒賞黃金瓶。秦程兩人俱有萬夫不當之勇。

尉遲敬德原是宋金剛部將，陣前曾敗李世民，後與尋相一起投唐。對王世充一役尋相叛走，敬德受嫌被囚。李世民知道後，命人立即釋放他，並說：「敬德如果要走，還不會比尋相先走嗎？」可見知人之明。李世民見到尉遲敬德，推上一囊黃金說：「他們不懂事，使將軍受委屈。如果將軍不滿意我，一定要去，便請收下作為路費。大丈夫處世，最重要是意氣相投，這也可紀念我們一場相交。」尉遲敬德見到如此，感動得留下英雄淚來，當即誓死追隨世民，不要金子。最後李世民還是強要敬德把黃金留在身邊。

私許更換太子　徒令兄弟鬩牆

掃蕩隋末群雄，李世民居功至偉，但父親李淵待之極為不公。太子建成及齊王元吉耽於逸樂，本領平庸，便視建功立業的李世民為眼中釘，均欲除之而後快。李世民多領兵在外，建成元吉身近皇宮。最先二人藉後宮挑撥世民父子情，買好李淵寵姬張婕妤尹德妃，找機會說世民壞話，說世民恃功欺負她們家人，李淵信之不疑。

建成知尉遲敬德威武，親自撰函招攬他，密送金銀器一車。敬德斷然回書拒絕，並直告世民。建成得知結果十分憤怒，派刺客去行刺他。尉遲敬德早有準備，敞開門睡覺，刺客見他這樣，又怕他勇猛，幾次經過外廊都不敢下手。元吉誣告他犯死罪，被李淵關入詔獄，世民拚命諫止，才把他救出來。前此李世民好友，起義發起人之一的劉文靜，便被李淵藉故殺了【注】。

武德八年，世民兼任中書令，出入皇宮，常與建成元吉見面，相鬥相爭轉而白熱化。其實皇朝早定太子名位，何來明爭暗鬥？

原來太子建成庸碌無能，世民能幹精勤，軍功彪炳。太子毫無功德而有太子之名，世民無太子之名而駸駸然有承繼者之勢。兩者心中不平難免。更重要的是起事初期，李淵私許事成之後封世民為太子。後來循漢俗立嫡，本已定案，無所可爭。可是每次世民立下大功，李淵便私許更換太子一次。事過境遷之後，立即將諾言拋之腦後。這弄到現成太子寢食不安，後備太子望梅止渴，已潛露只有刃血方能解死結。

東宮步步進逼　手段卑鄙惡毒

建成見秦王府兵強馬壯，便招募長安惡少及江湖人物兩千為長林兵，再募三百突厥兵進駐東宮，準備隨時襲擊李世民。李淵得到風聲，把建成大罵一頓，再把罪名歸其下屬便算了。建成又想一計，與元吉密謀，密差手下楊文幹領兵殺向李淵李世民一起巡幸的仁智宮。

茲事體大，有告密文書馳報李淵，李淵知道一定和建成有關，徹夜奔逃，驚魂甫定後叫世民對付叛軍，說事完之後，世民便當太子。建成知事洩，立即輕車簡從直奔仁智宮請罪請死。因有元吉、妃嬪、近臣說情，事情不了了之，更換太子一字不提。

一夕，宮庭夜宴，建成下毒，世民當場吐血數升。李淵心裏有數，只對建成說：「世民不懂飲酒，以後不要夜宴了，」一語拖過。

這時秦王府中人均知形勢極為險峻。剛好遇上突厥又來犯境，建成保薦元吉領兵北伐。元吉乘機強要抽調秦王府驍將秦叔寶、尉遲敬德、程咬金等歸其指揮。李淵不反對，元吉大喜，認為可以去掉世民臂膀。兩人且計劃乘李世民送行出征時，暗中埋伏甲士拉殺世民。豈知更率令聽得後不值所為，一五一十轉告李世民。

這時秦王府中人急得像熱鍋上的螞蟻，長孫無忌和尉遲敬德堅決表示要向太子和齊王動手，李世民就是不允。再三分析形勢後，侯君集、張公謹，連老成持重的高士廉也認為不能坐以待斃，要先下手為強。李世民終於表示為策萬全，要找房玄齡杜如晦來作最後決定。

原來房玄齡杜如晦兩人早被中傷，被李淵趕出秦王府。房杜二人終於假扮道士混進來，議決立即下手。李世民尚猶豫不敢決，要看卜筮結果指示。張公謹大怒說：「有疑問才占卜，這件事還有什麼疑問？難道卜得不吉便不幹了？」說着盛氣地把卜龜摔在地上。眾人面面相覷，氣氛雖靜卻使人心跳加速，默然一致同意玄武門行動。

【注】劉文靜為開國元勳，文武全才，居功至偉。因酒後不忿官居裴寂之下謾罵，被李淵下旨殺了。筆者認為他的死因，一如曹操之殺楊修，使李世民失去支柱。

第十五章　李淵導演玄武門

尉遲恭全副武裝闖入朝上，大有逼宮之意，說保護皇上。明明世民造反，卻說太子造反，顛倒是非。李淵知道風向，也只有即時承認李世民所作所為。其實李淵心下懼怕這個兒子，因為這個兒子太厲害，他知道自己沒有能力掌控，因而偏私。

李世民玄武門殺兄殺弟而奪得帝位，史書上認為是李世民一生最大污點。但筆者認為過不在李世民，而在李淵。

玄武門殺機四伏　一箭定江山

當夜秦王府一致決定反撲，李世民連夜寫了一篇密奏，繪聲繪影列舉建成元吉如何穢亂後宮、如何矇蔽聖聽、如何屢次陷害自己。李淵讀了當即表示明日早朝，將會同重臣徹底查究。當建成等從後宮張婕妤處陡然得知此驚震訊息，六神無主。元吉認為先調動軍士護宮府，再託病不上朝，使無對證。但建成認為該上朝方知虛實應付，結果無奈一起上朝。

第二天，武德九年六月四日拂曉，李世民、長孫無忌、侯君集、程咬金、秦叔寶等先到上朝必經之地玄武門。尉遲敬德率領數十騎兵隨後護衛，裴寂等大臣則已奉詔上朝。不久建成與元吉並轡施然而至，突然發覺玄武門佈置與往日不同，意識到暗藏殺機，撥轉馬頭退走。李世民即拍馬追趕，元吉回身拉弓射箭，但心下慌亂，箭不上弦。李世民久經戰陣，箭法尤佳。這時李世民已一箭便射死建成，自己也墜落馬下。元吉亦中箭，帶傷狂奔，尉遲敬德追及補上一槍，登時了結。這時大批東宮甲士趕到，與秦府後至兵員廝殺，難分難解，血花四濺。尉遲敬德於是把二人頭顱割下，懸掛在門樓上，大呼建成元吉已死。東宮武士見了，一哄而散。

斯時李淵正與眾臣商議此案，聽報玄武門外廝殺，不知究竟何事。陡然見到尉遲敬德全副武裝威風凜凜闖進來，慌忙問他意欲何為。敬德說：「太子和齊王造反，臣下特來保駕。」李淵驚疑未定問：「秦王呢？」李世民趕到，即拜伏地下大哭，朝臣見此血肉相殘場面亦多下淚。李淵說：「我明白了！」。

諷刺的是尉遲敬德全副武裝闖入朝上，大有逼宮之意，而說保護皇上；明明世民造反，卻說太子造反，顛倒是非。李淵知道風向，也只有即時承認李世民所作所為。玄武門一舉得手，主要原因是守門將領是李世民一夥，否則不易成功。

玄武門之變李世民得到徹底勝利，將建成元吉所有兒子殺盡，免留後患。兩人門下重要黨羽百多人，因敬德請求，全部赦免。齊府財物，全歸敬德。形勢是對方苦苦步步進逼，生死關頭，關係秦府數十人口性命，李世民何來不會反撲？

李淵裝胡塗　忌憚世民

不久李淵退居太上皇，唐朝新時代開始。玄武門事變，在於三子爭皇位繼承權，回顧事情的發展，不是因李淵胡塗這樣表面的原因。好些史書根本寫李淵其實甚為精明，且善於箭法。有些書說李世民初年結交各地英雄好漢，財資哪裏來？都是李淵給的。二兒子有反叛隋室之志，也是受其父影響的。只是李淵個人不欲出面，便於進退。

舉旗反隋之始，最初建成元吉都沒有參加，後來攻城掠地大多憑世民。建成位居嫡長，封為太子也說得通。但在李淵心中李世民只是隻軍犬，為他擴充地盤而已。李淵事事偏坦建成元吉，掣肘世民；事事裝胡塗，有意無意都壓世民。但一遇戰事不利，便輕許更換太子為餌，藉以驅使世民勇戰沙場，李淵何以如此偏心？

從諸多事件看來，其實李淵心下懼怕這個兒子。因為這個兒子太厲害，他精明到知道自己沒有能力掌控這個兒子。登基稱帝不久，便把兒子文武全才的得力助手劉文靜一刀殺了，減弱世民的力量，恐怕劉文靜也不知道自己真正的死因。

建成武裝部隊圍攻仁智宮，雖說目的是對付李世民，但難保不會逼宮，自己稱帝，因南北朝時代已多見如此。但李淵仍不問罪，筆者認為主要原因是留下建成一脈，來平衡世民的勢力。李淵早相信世民有帝王之命，當日恐防隋帝知悉而問罪抄家。今日自己為帝，則要防他篡位，此點芻論至今尚未見史書道及。李淵家族胡風，不立嫡長而立軍功，也沒什麼大不了。或者，絕口不應允會更換太子，使世民心死安分，玄武門之變或可不致發生。身為領袖如此不公，能有好下場則屬異數。

李世民秉公處事　大唐開國氣象一新

李世民二十七歲登基，揭開大唐鼎盛一頁。他首先把三千宮女連同苑內鷹犬一同釋放。再選派秦府精英，連同政敵建成元吉門下人才，一視同仁充任要職。又擴充秦府本來的文學館為弘文館，將二十萬卷藏書重新整理，命朝中文學之士輪流參閱，再在退朝之後與之暢論古今以為施政得失參考。

李世民還及時解決原府內班底個個爭功討賞問題。他說王者大公無私，還分什麼新舊，只該選用賢才。朝中職位，均是能者當之，大有珍寶可以獎賞，職位不能獎賞。秦府取得勝利，眾人已免去刀斧之厄，無才而任只有製造禍亂。李世民叔父淮安王認為自己勇戰沙場，流汗流血，官位反而在房玄齡杜如晦之下，表示不服。李世民指出他雖上戰陣，曾望風而逃，曾全軍覆沒；而房杜兩人有運籌帷幄，決勝千里之功，且有安邦定國大才，當位居要衝。眾人見李世民大公無私，對叔父如此，再也不敢藉題異議。

有人提議嚴刑治國，國民動輒得咎。李世民認為隋末多暴民，由於失政，民無以為生，鋌而走險。今任用廉潔官吏，減輕傜役，不匱衣食，刑法無須過嚴。魏徵亦認為戰亂後民間愁苦，衣食足便易於教化，故唐無漢武之苛政。一次臣子給李世民看「明堂針灸圖」，發現人的五臟靠近背部，便下旨廢除鞭背之刑。他又下令修正不合理律法，凡死刑必三複審。可見李世民以法治國，以仁立心。貞觀之盛，殊非意外。

第十六章　君臣相得　善始不善終

李世民問魏徵為什麼離間他們兄弟感情，魏徵回答說，若太子聽他的勸告，便沒有今天的橫禍。太宗明白各為其主之理，便沒有再追究，對魏徵極為尊重，最著名的一次是李世民在花園手持玩鳥，魏徵急事求見，他不想魏徵見到多言，便把鳥兒藏入衣袖內。誰知魏徵話長，說完拜別後，太宗連忙拿出鳥兒，原來已焗死了。

唐太宗李世民開拓貞觀盛世，使人想到「用師者王，用友者霸、用徒者敗」的話。一個領袖最重要的是令下屬敢言，言之不當絕不罪責。尊重下屬，讓下屬發揮能力，把人才看作老師，這是「用師」。如果下屬一切能力都不及自己，目中所有人都是蠢材，這是「用徒」。李世民就是用師用友，所以既王且霸。

君臣對話　肺腑坦蕩

讓我們看看唐太宗與臣下對話，來了解一下他的性格涵養。

太子建成死了，李世民還是重用他手下魏徵和王珪。李世民問魏徵為什麼離間他們兄弟感情，有想到今天的日子嗎？魏徵回答說，若太子聽他的勸告，便沒有今天的橫禍。太宗想到各為其主，便沒有再追究。太子智囊王珪被他徵為諫議大夫，太宗勉勵他做諍臣，王珪亦答竭誠盡責。

名士鄧世隆早在李世民攻洛陽時，替主子王世充手下回信罵得他狗血淋頭，李世民稱帝後便逃亡隱居，貞觀初年被徵授國子主簿，心中常常不安。唐太宗知道了，特地宣諭叫他安心工作，自己決不會計較前事。一次太宗對群臣說自己雖是人主，為了蒼生還要做宰相和將軍的工作，感喟未有高才輔助。張行成諫說，太宗萬乘之尊，何必做臣子的工作？這好像和臣下爭功的樣子。太宗覺得有理，把他升職。唐太宗嗜愛打獵，薛收認為天子不宜。他認為對方說得對，賞以黃金。

貞觀五年唐太宗巡幸洛陽，以為離開京都，忍不住行獵。一群野豬衝出來，太宗連發四箭射殺四隻，第五隻衝來，唐儉大驚。太宗已躍下馬來，揮劍將野豬劈開兩截，笑着對唐儉說：「你看不見我殺敵嗎？」唐儉說天子貴體，實不宜與畜牲拚搏，在野獸面前逞強，值得不值得呢？太宗會意，即宣佈罷獵。

有臣子請唐太宗除去朝中佞臣，太宗問誰是佞臣。那人說：「討論時陛下只要假裝生氣，堅持己見不屈服的是忠臣，阿諛曲順的便是佞臣。」世民說：「不當。人君先行奸詐，臣子如何正直？我要以至誠治天下。」

一次太宗和群臣出巡，行至樹下休息，見樹蔭翳然，便讚樹木壯麗。宇文士及亦順口稱讚。太宗忽然板起臉孔說：「魏徵常要我遠離小人，今日你阿諛，原來你是小人！」士及亦正色說：「陛下議國事常和臣子辯論而臉紅耳熱。今天在外行走，對於這樣小事，不隨便附和兩句，貴為天子，又有何快樂了？」太宗一想、也有道理，便不再責怪他。難得君臣同樣坦誠，臣子直話直說，人主有容人雅量，可見太宗成功的地方。

唐太宗和魏徵

許多人說太宗之成功多得魏徵幫助，太宗對魏徵極為尊重，從多則事例上可見唐太宗視之為師。最著名的是一次李世民在花園手持玩鳥，魏徵急事求見，他不想魏徵見到多言，便把鳥兒藏入衣胸內。誰知魏徵話長，說完拜別後，太宗連忙拿出鳥兒，原來已僵死了。可見這個皇帝對良臣的尊重。

一次唐太宗問魏徵要做個怎樣的臣子。魏徵說：「臣僥倖得侍候陛下，要做良臣，不作忠臣。」李世民問他兩者有什麼分別。魏徵說：「良臣是君臣同心協力，一同流芳千古。忠臣則對君面折廷爭，結果自己喪命，國君遺臭，國家滅亡。」寓意雙關，唐太宗豈不明白？

魏徵老病，太宗送醫送膳，小心細微。魏徵去世時親自哭弔，罷朝五天，備極哀榮。半年後太子連同侯君集造反，魏徵曾為兩人說好話，太宗怒得把紀功讚揚魏徵的石碑毀掉。後來征高麗失敗，想到若魏徵在世，一定勸止他，記起魏徵對他的輔導，重建石碑。太宗知錯能改，絕不含糊。

唐太宗征高麗，陷遼東城，俘虜一萬四千平民，先遣集幽州，分賞給眾將士為奴。太宗憐憫其父母妻子一朝分散，永不相見，以布帛贖之，赦為百姓。眾民歡呼聲三日不絕。

君臣相得　善始不善終

侯君集勇武，早便追隨太宗，玄武門之變更屬首功，且為大唐平滅西域兩國，但不甘心處李靖之下，依附太子承乾謀反。事敗後太宗親自審問，免他受下級獄吏之辱。證據確鑿，依法問斬。太宗審問後垂淚與之話別，赦免他妻子之罪，讓他保留一個兒子繼後香燈。

另一猛將尉遲敬德，功勞很大，又救過太宗性命。晚年時仍火躁，一次晚宴和人爭上座，在太宗面前動手打人。太宗說：「漢朝的功臣能保存的很少，我常常想着保存功臣。可是你當官後觸犯刑法，方知韓信彭越身死非漢高祖的錯。希望你檢點，莫到時後悔才好。」敬德聽了深有感受，從此閉門謝客，再無酬酢，得壽終正寢。

唐太宗自征高麗無功後，精神身體都有點不稱心。貞觀二十三年（六四九年）五月，五十二歲便龍歸滄海，御駕奔天。以帝皇之尊的保養而不能長壽，亦屬遺憾。

事緣王玄策出使中天竺為外交官。中天竺國王病逝，大臣繼位卻把王玄策投獄。王逃出來後一人以唐太宗天可汗之名，向其他國家借得精兵，回師把中天竺滅了。俘虜國王阿羅那順和萬多男女、三萬牛馬進長安。俘虜中有天竺方士，自言二百歲，能製長生藥。太宗聞之大喜，吃了長生藥，數日而亡。

滅人之國，吃人之藥，確實大有可疑，是否有為國復仇的陰謀呢？繼位者唐高宗認為此事倘關乎報復，天可汗被人毒死，將為天下震動而為人笑柄。故沒有問罪任何人，不了了之。

唐太宗的文治武功昭彰，史跡斑斑，不再贅言了。

第六篇

永樂帝三大雄圖

第十七章　九五之尊　朱棣天命所歸

朱棣是朱元璋第四子，最能幹，軍功亦最多，二十一歲就藩，駐守封地北京。嗣後多次奉命從北京出發，與韃靼作戰，練就一身本領。太子朱標去世，朱棣自念能耐與戰功可以贏得父親青睞為繼任人，豈料好夢成空，鬱鬱不忿。後來終於奪嫡繼承大統。

永樂帝朱棣是朱元璋第四子，在諸子當中，朱棣最能幹，軍功亦最多，但朱元璋偏偏不讓他繼位，對他且有防範奪嫡之心。朱棣的情況和李世民近似，後來果然奪嫡，繼承大統，稱帝雄圖。後來明朝的帝王都是他的子子孫孫，他也為國家作了三件轟轟烈烈的大事。

朱棣天生神勇　本領出眾

朱棣生於元順帝至正二十年（一三六〇——一四二四），當年正是朱元璋在鄱陽湖大戰陳友諒的時候。生母身世不明，有說是擄得蒙古女子，有說是朝鮮歌女，甚而有說是日本女子。一夕之歡，誕下朱棣。朱棣對外自稱是馬皇后生的，他十一歲被封燕王，二十一歲就藩，駐守封地北京。俟後多次奉命從北京出發，與韃靼作戰，練就一身本領，培養出他的高瞻遠矚，雄心壯志。

朱元璋早便指定長子朱標為太子，派碩儒刻意栽培。據說太子聰明善行，正直溫文，看來深得母親馬皇后的遺傳。朱標曾勸止父親別寡情殺戮，反被朱元璋教訓一頓。正因如此，被乃父認為不夠霸氣，不能懾服群下，有點失望。父子兩人性格迥異，久而久之，內心有點隔膜。誰料太子朱標三十七歲壯年，猝然身亡。這對朱元璋是個無疑沉重打擊，無可奈何之下，決定立朱標兒子朱允炆為皇太孫，他日繼承皇位。朱標去世，朱棣自念能耐與戰功可以贏得父親青睞為繼任人，豈料好夢成空，自是鬱鬱不忿。

洪武十八年，一個凡心未了、法號道衍的和尚，被選拔到藩王駐地為馬皇后去世三週年唸經頌禱。他遇上燕王朱棣，好比魚躍於淵，龍潛大海，兩人言語投契，一拍即合。道衍和尚見面便承諾他日會送一頂白帽子給朱棣，朱棣心領神會，視為知己，更奉若國師。道衍和尚是個奇怪的人，自己是和尚，又曾拜道士為師，更鑽研陰陽五行玄術，俗家名叫姚廣孝。姚廣孝要送朱棣白帽子，即要在燕王的王字加上白字，便是皇，他要推朱棣上皇位，遂成了朱棣最重要的謀士。

建文帝進逼　不甘坐以待斃

朱元璋七十一歲駕崩歸天，皇太孫朱允炆在南京繼位，是為惠帝，又稱建文帝。大局既定，看來朱棣應心如止水，頤養天年了。可是秋波漣漪，由京師南京慢慢震盪開去，建文帝一登基，便注意到分封諸王對自己的威脅，一年之間，削了五個藩王為平民，朱棣很清楚自己再不能一廂情願過安樂日子，又不甘坐以待斃，猶豫之時，便問姚廣孝天意所向。姚說不必擔心民意向背，說天意要他為帝。既然這樣，朱棣也立下決心，與侄兒建文帝爭奪天下。

姚廣孝即綢繆策劃，廣招北京流民散兵游勇，在地下室暗中鑄造兵器，築高加厚王府圍牆，使無外露。當時燕王府是北京元宮舊址，廣闊深遠，便在府內後庭場地練兵。周圍多養鵝鴨，使家禽嘈雜亂叫，蓋過練兵聲音。另一方面，派葛誠進朝廷報告燕王近況，藉此打聽朝廷消息。誰料葛誠一到朝廷，反被建文帝收服，將朱棣謀反準備全告知皇帝。

建文帝既然對削藩沒有手軟，豈不會派人監視勁敵燕王的舉動？他早已收買燕王身邊人向之報告，這時既如此肯定朱棣謀反，他找來寵臣黃子澄及齊泰商量對策。最後決定派張昺謝貴兩人到北京當差，從中祕密觀察。燕王朱棣這時也收買了宮內太監，把皇帝行動一五一十告知自己，雙方先來間諜戰。

殺朝廷官員　宣告靖難清君側

朱棣見朝廷一步步緊逼，於是在北京裝瘋，在街上亂叫大喊，衣衫不整，搶東西討飯吃。張昺兩人藉詞到王府探消息，見朱棣在盛夏擁棉被烤火，兩人不願多留便走了，報告朝廷燕王真的瘋了。但葛誠肯定朱棣裝瘋，建文帝終於下令逮捕朱棣。建文帝對四叔造反何以猶豫？既是性格上優柔寡斷，看來也是對自己充滿信心。一個藩王，何能對付擁有四海、擁有千軍萬馬的天子？只要自己一紙令下，取其性命易如反掌，終究是輕敵了。

命運的轉折點總是讓人看不到，建文帝命北平都指揮使謝貴帶兵逮捕燕王。可是謝貴有個手下張信偏偏是朱棣舊部，張信接令，好生難為，心中驚疑不定。其母知道，認為朱棣才是真命天子。張信至孝，聽從母言跑去向朱棣告密。朱棣找來姚廣孝商量，兩人決定立即起事。正好這時天降暴雨，打得房子瓦片掉下來，朱棣臉色一沉，認為不祥凶兆。誰知姚廣孝在旁卻說：「祥也，飛龍在天從風雨，吉兆也。」眾人心情轉憂為喜。

驚雷一響　龍躍於淵

建文帝元年七月，張昺、謝貴拿了皇帝要逮捕燕王府官員的名單，向朱棣要人。這時燕王府精銳護衛已被藉辭調開，府中只餘八百甲士。朱棣假說已拿下要犯，着其前來領人。張昺謝貴先帶了大批軍士包圍燕王府，再來見朱棣，旋於席間被擒殺。包圍王府外的軍士聽説二人被殺，即時潰散。

朱棣乘夜率領兵甲攻下九門，控制了整個北京城。朱棣以「清君側」為理由，起兵討伐皇帝身邊的黃子澄及齊泰，以「靖難」名號誓師，命長子留守北京，自己帶着軍馬殺進京都南京。朱棣旗幟鮮明造反，建文帝前後派出兩路人馬去降服朱棣，結果數十萬大軍都被朱棣幾萬軍隊打垮。朝廷再結集六十萬大軍，號稱百萬，由大將平安率領殺至。平安善戰，曾和朱棣在戰場上並肩前進，攜手殺敵。這次兩雄相遇，朱棣有點幸運，大勝而歸，隨之向濟南攻去。

豈料濟南守將鐵鉉厲害，把燕軍打退。正當朱棣失利之時，卻得密報朝廷送出密函給留守北京的長子朱高熾，勸他出城投降。朱棣立即怒從心上起，惡向膽邊生，要差人殺死親兒。不久密函由長子派人送到身前，原來密函原封不動，從未開啟，兒子也未曾讀信。當時悔而吐語，衝口而出說：「幾殺吾子。」由此可見朱棣個性之狠絕。隨後得太監線人密報朝廷大軍在外，京師守衛空虛。於是朱棣不與沿途城邑戀戰，取道直撲南京。

第十八章　功業千秋　帝王氣象紫禁城

姚廣孝是北京城的設計者，他兼富儒釋道三方面的學問，在元大都基礎上擴建。皇城稱紫禁城，紫禁城的規劃藍圖，處處蘊涵着陰陽五行的玄機，是當日世界上最出色的建築藝術傑作。光是皇城內各宮殿，雍穆高雅，今日莫能勝之。北京城文化底蘊之厚積，散發着令世界驚歎的帝都氣象。

建文四年六月，燕軍兵臨南京城下，南京震動。結果內應打開城門，燕軍擁入，建文帝見大勢已去，放火燒宮殿自殺。朱棣聞訊趕來，只見到一具燒至面目焦腐的屍體，歷史記下建文帝葬身火海了。但民間流傳另一說法，建文帝在末路之時，從祕道出走，臨行時打開爺爺朱元璋留下的錦囊，見到一件僧袍，一副度牒，一把剃刀。建文帝會意，化裝和尚逃走。朱棣實不放心，暗中查訪建文帝下落多年。

建文帝下落不明　朱棣殘暴報復

朱棣稱帝後（四十三歲），立即進行極殘酷的報復，他認為黃子澄和齊泰是逼害自己的元兇，當然誅族。對其他曾對抗他的人，絕不放過，其殺人手段花樣，滅絕人性。最著名的是殺方孝孺，因方說不怕他誅九族。朱棣便誅他十族，連門生朋友也殺。據說誅連八百多人，要方孝孺親眼見一個個都死在眼前，殺了七天。最後才殺方孝孺，磔刑，凌遲三日才死。朱棣因對方一句話，殘殺如許無辜，又豈有快意？獨發洩私情私欲而已，如此性格又何以有快樂人生？人說朱棣急於遷都北京，是南京冤魂太多，索命太頻，恐言無過分。

明太祖朱元璋嫌太子過於仁厚，不夠霸氣。而四子朱棣人既雄才，且具理想的霸氣，又何以偏偏對之不加考慮？有兩種傳言，一是朱棣有癲癇症（俗稱發羊吊），生理影響心理有點不健全，不宜做皇帝。另一傳言是朱棣生母是蒙古（或朝鮮）人，朱棣為帝後，豈非千辛萬苦打下蒙古人的江山，又雙手奉回蒙古人？何等笑話！

朱元璋心計算盡　不敵天意

朱元璋雄圖大略，計算利害無微不至。禁太監干政，不准太監識字；嚴締官員貪污，何等英明？不封異姓王，藉意殺光功臣能臣，好讓子孫接班者施政無阻，何等深謀遠慮？結果如何？人算不如天算！不封異姓王，篡位者，正是自家血脈而非外姓。殺光能臣武將，藩王攻入，無人能抵擋，讓對方勢如破竹。堅拒四兒子為帝，偏偏第四兒子朱棣繼位為帝，而且是依靠太監作內應。此後明朝皇帝都寵信太監，太監之矇蔽弄權為禍歷朝最烈。禁官員貪污，手段駭人，結果明朝官員還是貪。老天爺跟朱元璋開玩笑耶？

還有明帝朱家兒孫，均以五行生生不息命名，以示帝統可以循環不絕，千秋萬世長存。朱元璋兒子木字輩，如朱標、朱棣；木生火，孫為火字輩，如朱允炆、朱高熾（朱棣長子）；火生土，隨之是朱瞻基，土字輩；土生金，英宗朱祁鎮，金字輩；金生水，英宗長子憲宗朱見深；水生木，憲宗長子孝宗朱祐樘；再是木生火，孝宗長子武宗朱厚照，照字屬火。如此循環至思宗朱由檢（崇禎）而亡，鬼使神差，終於回復木字輩而絕後。

明成祖朱棣之後的皇帝都是他的子孫，故有視朱棣為開國之君，因而稱之為祖，曰成祖。奇怪的是明朝的皇帝，性格和思想都有些異於常人。有性情刻怨，有血腥嗜殺，有人格分裂，有自閉懶惰，有貪財吝嗇，有癡戀乳母，有好色荒淫，也有愛作木匠，且有做了皇帝還自封為大將軍的，真是千奇百怪。

建城謀士姚廣孝　一生傳奇

談談一力捧明成祖出來的姚廣孝，沒有姚廣孝，恐怕便沒有明成祖。姚廣孝（一三三五—一四一八）十四歲出家為僧，自小好學，認識朱棣後成為親信。他分析天下時局，鼓勵朱棣爭奪帝位，幾次逆境都憑他鼓勵與指導，使朱棣安然度過難關，得到最後成功。姚廣孝在入南京前勸說朱棣不要殺方孝孺，朱棣不納。朱棣稱帝後叫他蓄髮還俗，不從。賞他巨宅和宮女，他都拒受。他上朝穿官服，退朝後穿僧衣，住寺院。

及後姚廣孝回鄉，把皇帝的賞賜分給族人，得享高壽。八十四歲病重臨危時明成祖探望他，他要求成祖釋放關了十六年的僧人溥洽（因成祖懷疑溥洽知道建文帝下落而不告訴他），結果成祖放了溥洽。姚廣孝知進知退，和朱棣可算善始善終了。

朱棣奪位成功，改年號為永樂。第一項為人稱道的政績是遷都北京，建紫禁城。

北京在金人佔據時稱燕京，元朝時叫中都，後稱大都。明徐達攻佔大都改為北平府，永樂元年朱棣改北平府為北京。明成祖稱帝後，已有遷都北京之意。既因龍興北京，喜歡故地。其次在南京殺戮太多，江南人士與朱棣對彼此均無好感。再者，北方蒙古軍常窺伺南下滋擾，身處北京較易對付。永樂四年，朱棣着手在北京建都。

朱棣眼光逾常　擴建北京城

永樂六年，明成祖向群臣宣佈要遷都北京。姚廣孝是北京城的設計者，他兼富儒釋道三方面的學問，在元大都基礎上擴建北京城，把北京建成方型城，皇城稱紫禁城，在方城正中央。紫禁城的規劃藍圖，處處蘊涵着陰陽五行的玄機，又方正堂皇，光是紫禁城三個字，已有無比尊嚴氣勢。

建城共耗時十五年，徵調軍民工作者達二三十萬人。遷都帶來許多問題，政府首先要解決人口和糧食矛盾。光糧食不足，已容易引起暴亂。明成祖先有計劃地遷移富戶和勞力人民到北京，免賦稅以吸引他們遷居。北方糧產無南方豐盛，明成祖下令疏浚漕河，保持河流暢通，無礙大量糧食運上北京。其實是否遷都，朝中群臣曾起激烈辯論。南方士人反對尤甚，認為北方風沙大，水源不足。但明成祖心意已決，毫不留情殺過反對遷都大臣，於永樂十九年遷都北京。

六百多年前建造的紫禁城，是當日世界上最出色的建築藝術傑作。紫禁城位於北京城中軸線上，面積七十二萬多平方公尺，宮殿十六萬平方公尺。宮內建築有嚴格井字佈局，氣派儼然。護城河與城牆間有綠化帶，宮殿雕樑畫棟，且有下水道系統縈繞其間。光是皇城內各宮殿、各出入口大門之命名，雍穆高雅，今日仍莫能勝之。北京城垂六百年，仍是世上名城名都，文化底蘊之厚積，散發着世界驚歎的帝王之都氣象。

假設當年朱棣沒有遷都之舉，明代極易如宋室一樣只能偏安南方，國勢變為羸弱。對遷都北京和建紫禁城，不得不佩服明成祖的氣魄和眼光。

第十九章　曠世《永樂大典》與下西洋

《永樂大典》共有兩萬多卷，收輯上自先秦，下至明初七八千種書籍，包括各門各類。乾隆的《四庫全書》收錄歷代舊著三千餘種，不及《永樂大典》一半。後者據說參與編纂者近三千人。書成由成祖親自作序賜名《永樂大典》。許多古籍資料，賴以保存。

明成祖甫登基即作了一項偉大建樹，命人編纂《永樂大典》。他命侍讀學士解縉編纂一部規模前所未有的百科全書，要求「凡書契經史子集百家之言，至於天文地志，陰陽醫卜，僧道技藝之言，備輯為一書，毋厭浩繁。」第二年底解縉呈初稿，書名《文獻大成》。成祖認為與理想相距甚遠，再命姚廣孝、劉季篪共同負責，到永樂五年底完竣。

《永樂大典》巨製　傲視中外古今

《永樂大典》收輯上自先秦，下至明初七八千種書籍。凡成文者都收錄，均保存原書所載，沒有一字的刪改，共計兩萬二千八百七十七卷。目錄六十卷，分裝成一萬一千零九十五冊，全書約三億七千萬字，據說參與編纂者近三千人。書成由成祖親自作序賜名《永樂大典》。現今許多古籍資料，賴以保存。

這是中華民族極寶貴的文化遺產。搜集材料包括各門各類；除經史子集外，尚有天文、地志、禮儀、法典、軍事、道、佛、哲學、典章制度、戲劇、長篇短篇小說、工技、農藝、醫學、動物學、植物學。這是中華文化史上最大的一部類書。

《永樂大典》共有兩萬多卷，刻版付印費時耗材極巨，完成後只抄錄了一部。紫禁城建成後《永樂大典》赴運北京，藏在皇宮文樓內。嘉靖時將《永樂大典》再抄一副本另存，以防不測為火所焚。正本藏於北京文淵閣，副本藏於皇家檔案庫。嘉靖皇帝死後，《永樂大典》正本就再也沒有出現過。

現存的《永樂大典》出於嘉靖朝，而非永樂年編纂本。《永樂大典》曾經回祿之劫及兵災，幾乎喪失殆盡，現今散存於世界各地圖書館三百多冊，還不到原書百分之四。有人懷疑明成祖和嘉靖帝都有用之陪葬；亦有人懷疑其中一套抄本當鄭和下西洋時帶到海外。

主編者解縉一生際遇

中國現存較完整巨著的類書是乾隆的《四庫全書》，該書收錄歷代舊著三千餘種，不及《永樂大典》一半，且有抄錄自《永樂大典》。可知《永樂大典》成書工程實偉大艱巨。很難不想到成祖想囊括一切知識，使皇家帝主借鑑成為聖君。

編纂《永樂大典》主事者解縉，一舉中進士，名揚全國，為朱元璋破格恩遇，寵護逾常。其性格梗直自負，數逆龍顏，朱元璋不好對付他，命他回鄉養晦十年，不再處身廟堂之上，挫其鋭氣。七年後朱元璋逝世，建文帝時得回京到翰林院任職，旋生靖難之變，投朱棣門下，成《永樂大典》主事者，受到禮遇。後來朱棣兩子爭位，解縉支持長子嫡孫繼位這一套，犯顏直言，挑起朱棣心病被貶外放。不久有機會進京，卻因私見太子被告發，打入天牢，後被害身死，終年四十七歲。

怒海浮城　人類史創舉

明成祖第三大雄圖壯舉是命鄭和率艦遠赴西洋，明令是宣揚國威。許多史家都說朱棣此舉是暗中追查建文帝下落。筆者認為成祖最初亦有此意，惟恐非主要原因。成祖既定鼎天下，建文帝再無力抗拒，是否尋到侄兒皇帝除滿足好奇心外，無關要旨。而前後出洋多次耗時達二十多年，應有更強烈理由促使他不厭其煩、不惜巨資一訪再訪異域。

筆者認為朱棣有踵武唐太宗為天可汗之野心，要萬國來朝，展視自己能力，向父親朱元璋表示自己確有偉大帝王稟賦，藉此説父親選錯繼承者。近年亦有一種新説法，可資佐談。説朱棣得位不正，恐死後在陰間無面目見父親，要探索世上各種宗教對死後幽冥世界的描述，故派鄭和到各地採納不同宗教觀，以紓解心結。

鄭和（一三七一—一四三五），雲南回族人，本姓馬，洪武時部族為明軍所敗被俘，入燕王府，後為太監，被賜姓鄭，隨朱棣起兵而為朱棣寵信。永樂三年明成祖命通使西洋，隨員二萬七千多人，出洋大小船隻達二百餘艘，其中艨艟巨艦船長四十四丈，可容千人。哥倫布到美洲之船艦與之相比，猶如一小救生艇。可以想像鄭和艦隊其實是整個浮在海洋的城市，緩緩在水天相接，在一望無際滔天巨浪中破浪而行。怒海浮城，何等壯觀？

盡毀皇家遠航紀錄　事出可疑

鄭和於成祖在生之日出海六次，前後相距廿二年。鄭和曾在福建長樂天妃宮立碑，記載此六次航海經歷。之後第七次是朱棣孫子宣帝朱瞻基所命，距第一次出海廿八年，據説其中一隊艦隊卻永遠沒有回來。他在第七次回國途中病逝，終年六十五。鄭和隨員馬歡著有《瀛崖勝覽》，費信著《星槎勝覽》，鞏珍著《西洋番國志》，記述所到各地風土人情。

鄭和艦隊出洋之前，籌辦周密。先蒐集一切與出海有關知識史料，如探索到印尼原始森林，伐二百多株參天巨樹回來，以原木做巨艦桅杆。用大木排上鋪泥土，漂浮海上種疏菜，又發豆芽，解決長期在海上沒有新鮮疏菜吃問題，避免水手患敗血病。更有完備星圖、航海圖誌。鄭和為回教徒，懂外語，徵得當時阿拉伯航海家協助。又得益前朝元代建立曠古龐大的蒙古帝國，取得、積累域外知識為前代所無。鄭和在啟航前培訓不少各地各國語言人才，以為沿途各地翻譯。艦上有各類文士、畫師及科學人才隨行。除了駕船水手，還有生活上所需各種傭工、木工、廚司等人，當然尚有雄壯軍隊隨行。

一般遠洋者都不帶同女子，但鄭和的艦隊有說還帶有官妓，用作伺候沿途各地願隨艦回南京的異地國王和王公大臣。一說這批女子後來不少懷孕，艦隊到了當時商貿發達富有的威尼斯，賣給當地貴族富人做女傭，使她們重過陸上生活。據說二萬多人出海，只有萬多人回國，報稱他們都遇上巨浪葬身魚腹，或途中染上瘟疫而死。但近人考據卻另有故事，原來不少隨行人員泊岸取水或與當地土著交往後，逃離艦隊，再不上船回航，與土女結婚生育子女，落地生根。所以此後無遠弗屆，世界各地都有華人足跡。

鄭和下西洋之意義重大，但當時幾乎全部大臣反對，認為虛耗大量金錢人命而國家無所得益，出海絕無意義，應予禁止。鄭和艦隊載有史官，有極詳細的航海日誌，原存於皇宮，後來兵部郎中劉大夏下令燒毀全部紀錄，使後人無可查閱。事實上明朝隨即頒下海禁令，嚴懲國民私自出海，違者斬；並毀壞全國所有可以出洋的大船巨艦，把出海遠洋視為國家瘟疫。

今日，有學者認為鄭和艦隊事實上已迴航整個地球，遠到南北美洲、非洲、甚而南極，已繪出完整的世界地圖和前赴各地的航線【注】。當時若把這消息公諸於世，對國家有什麼影響？當有大量明朝國民逃離中國，四散世界七洲三洋各地。明朝將失去大批耕作農民，無人完糧納稅，亦無充足人口當軍隊保衛國家，會迅即亡國。燒檔案、毀巨艦、禁出洋，當時莫名其妙，現在可知大概！

明成祖三大雄圖創見，功在社稷，惟其人冤殺太甚，史家不予表揚。

【注】前文「鄭和艦隊西抵佛羅倫斯」有談及鄭和艦隊。

第七篇

傑出政治家——張居正

第二十章　五百年來傑出政治家

張居正掌權之初，國庫空虛，邊鄙外族窺伺，民不聊生。皇宮內宦官作威作福，朝內黨爭攻訐不絕。張居正掌權四五年，國運轉而昌盛，富強無敵於世。當時廣大人民安居樂業，國強民富，武備完善，邊境安寧。太倉粟儲糧十年，積蓄銀四百餘萬。國家重視教育，號令通行全國。無論文治武功，科學文教，中國昂然當時，全世界均無可比擬。

近年來香港人都愛談政治，和回歸前三緘其口大大不同。政治人物談政治，非政治人物更愛談政治。每每月旦政壇人物，吐露所謂內幕祕聞，強調先知先見，口沫橫飛，蔚為奇觀。或問：政客和政治家有什麼分別？誰是政客？誰是政治家？中國五百年來最偉大的政治家是誰？恐怕許多人都啞口無言。

張居正是中國近五百年來最偉大的政治家，恐怕亦是五百年來全世界最偉大的政治家。張居正是完人嗎？未必？

張居正一人繫天下安危

張居正偉大之處是使到當時世上人口最多之國，廣大人民長時期享有安居樂業的生活。國強民富，武備完善，外強偃息，邊境安寧。國內經濟發達，河患消除，太倉粟儲糧十年，積蓄銀四百餘萬。國家重視教育，真才實學之輩有出頭之日，能施展抱負，成為國家推行良策的官員，號令通行全國，四海晏安。當時無論文治武功，科學文教，中國昂然當世，全世界均無可比肩並立之國。

想張居正當權之初，國庫空虛，國家收入不足一年支耗，邊鄙外族窺伺，怒馬奔馳。皇宮內宦官作威作福，偷盜皇寶。朝廷上大臣相撲，黨爭攻訐不絕。國家正陷於頹危亡國之秋。張居正當權四五年已化腐朽為神奇，轉而國運昌盛，富強無敵於當世。

張居正逝世後國道如何呢？不足兩年，被皇帝褫奪功勳爵位，禍及家人子孫。長子張敬修抵不住嚴刑逼供，血書投訴後自縊身亡。次子張懋修投井未遂，絕食不成，被流配荒嶺。張氏子孫家屬餓死及自殺者數十人。荊州老家被媚上地方官下令圍堵，不准出入，一家上下數十口活活餓死多人。以至株連親友，荊川騷動。朝廷中大小群臣凡與張居正有所牽連者，先後革退。凡彈劾張居正者得踞高位，賢良退而奸宄進。更荒誕者，皇帝萬曆不上朝近三十年，讓國事自由發展，五六十年後而明亡。明亡前十多二十年民生之慘烈痛苦，國破災患如洪水海嘯，無貴無賤，同罹禍亂，人人痛不欲生。

張居正冒起之天時地利

張居正（一五二五—一五八二），湖北江陵人，生於明嘉靖四年。自幼聰穎逾常人，在鄉中有神童之稱。十歲精通四書五經，十二歲即為秀才，十六歲中舉人。十三歲時考舉人已為巡撫顧璘賞識，因恐其少年得志未受磨礪，強制落榜。二十三歲中舉為進士後，任翰林編修。拜徐階為師，得徐階提攜，亦與國子監祭酒高拱友善。

青年的張居正眉清目秀，儀表不凡。勇於任事，以豪傑自許。由於徐階與奸臣嚴嵩不和，徐門之下的張居正只能淡然低調，絕少議政，默默多年。嘉靖四十三年，徐階推薦張到裕王府任講官，全府上下都對張居正學問為人尊崇欣賞。嘉靖四十六年世宗死，裕王繼位為穆宗，年號隆慶。張居正得隆慶帝破格恩拔，一年中數遷而為禮部尚書、武英殿大學士。當時高拱鬥倒徐階，但接納徐階門生張居正與之並為內閣要員。高拱當時為內閣首輔，地位即昔日宰相。

隆慶為帝後縱情縱欲，不理國事，致國庫空虛，吏治腐敗，社會問題叢生，在位六年而崩。遺命高拱、張居正、高儀扶助太子。張居正見國事日非，心急如焚，亟求改革。而高拱思想腐朽，持老持望，對張多方掣肘，對十歲登基的萬曆帝更不放在眼內，又鄙視內宮太監頭領馮保，謀求驅逐馮保。萬曆生母李太后當時二十八歲，眼見自己孤兒寡婦，面對權臣高拱，自然憂懼交替。張居正將高拱意圖驅逐馮保告知太后，終於三人同意下旨斥控高拱，逐出朝廷。高拱遂視張居正為叛徒，含恨極深。

宮闈宦官對張居正尊敬信服

張居正取得大權之前，已取得皇室內宮的絕對信任。隆慶為裕王時納陳氏為貴妃，無所出。後娶李氏誕下萬曆，陳李二人感情極好，無所猜忌。萬曆登位時只有十歲，一為嫡母一為生母，身分都有點尷尬。張居正提出尊陳氏為仁聖皇太后，尊李氏為慈聖皇太后，同為皇太后，解開二人心結，使兩位太后都對他感激支持。

先是李太后命萬曆拜張居正為師。張亦竭誠教導，寄望甚殷，盼萬曆成長後為萬世明君。張居正對萬曆督導甚嚴，既為臣子，又為嚴師，且親編教材，列出古代賢君與暴君言行使其認識治國之道。據史料所載，斯時張居正對萬曆態度似嚴師多於臣下。

張居正又與太監頭領馮保交好，史筆多說他與馮保勾結，惟勾結一詞跡近構陷，因張居正並無因通好馮保而攫取任何個人利益。宜說與馮保通好，為求朝政順利。張居正幫馮保免於被高拱逐出皇宮，馮早有感德之心，且對張學問才幹佩服。張正事正辦，及後張要清點宮內庫存，實抓宦官要害。但張事先與馮商量，使馮感到備受尊重。張又囑馮約束下屬，馮知所進退，使宦官不敢放肆，兩人相得相好。馮性愛斂財，一次收了貪官賄賂，要求張居正給他一個官位好作交代，張最後答應了。有人認為張不對，張說：我不放過一個貪官，以後便有許多貪官了。結果貪官上任不久罪證難逃，被張查辦，馮保也默不作聲。張居正解決了明代最難處理的宦官問題。

明代宦官權大識淺，不懂處事而每誤事，張居正擺平掣肘朝官的宦官問題，取得皇室的絕對信任，新政便不會縛手縛腳，可以大展拳腳了。

第廿一章　造福蒼生的政改

張居正於萬曆六年下令清丈全國土地，限三年完成。清查漏稅的田產，朝廷的賦稅因而大大增加。他對於辦事不力的官員降職以示告誡，對於辦事得力的官員留任升遷，張居正在施行新政當中，既有超越時代的眼光，亦有為社稷鞠躬盡瘁的壯志雄心和魄力，用人不疑，一旦以委以重任，即傾力支持。

張居正接手主持政局時百廢待興，國家滿身瘡痍，應如何入手，是考究功夫之處。我們可從民生、經濟、國防、教育改革逐一析述。明朝立國約二百年敗跡已露，貧者愈貧，富者愈富；民無所食，暴亂即起。

張居正起於國家頹危

在古代，因權貴強豪兼併土地而民無所耕，四方流竄，鋌而走險暴動，搖動國本，此實千百年來不易之理。明朝開國二百年後土地兼併情況愈烈，造成民亂，且影響國家稅收，移動國本。張居正政制改革，主要是從民生着手。今只談其犖犖大者。

（一）嚴防逃稅　全國重新丈量清查田土

張居正認為權豪霸地而不納稅，耕農逃荒未能投入生產，是「國匱民窮」的根源。張居正於萬曆六年下令清丈全國土地，限三年完成。清查漏稅的田產，到萬曆八年，统計全國查實徵糧土地達七百零一萬三千九百七十六頃，兩年內增加了近三百萬頃。朝廷的賦稅因而大大增加，國庫充實。

（二）改革稅制為「一条鞭法」

過往稅收名目繁瑣，人民又要為國家免費付出役力，稅收中又有貢獻實物糧食。今一律以繳付白銀代替。此舉可避免官員層層剝削，減輕人民運輸貢物財力。對無田者免役使失去耕地的農民可以到城市從事工商業，居民可以長期離鄉別井從事小工業或營商，促進工商業的發展，亦為國庫大大增加收入。

「一條鞭法」推行後，國庫儲備的糧食多達一千三百多萬石，可供五六年食用，比起嘉靖年間國庫存糧不夠一年用的情況，有很大的進步。萬曆十年，随着清丈田畝完成和一條鞭法推行，明朝的財政狀況好轉。太僕寺存銀多達四百萬兩，加上太倉存银，總數約達七八百萬兩。太倉貯糧也可支十年之用。

（三）裁汰官員，選賢任能

明代知識分子好講道德學問，當時的官員盛行浮誇之風，虛名立教，名氣盛而有名無實之輩大有人在。張居正從王安石變法失敗中吸取教訓，深知官員的實幹能力對改革成敗的重要影響。因此在推進新政的時候，他大膽裁汰冗官。

他實行「京察」，所謂京察就是考察中央機關的官員。中央官員的好壞直接影響到地方官員的優劣。地方官員苟且，下發到地方政令便無從談起。因此，張居正裁汰官員首先從中央機關開始。中央機關兩萬六千名官員均要撰寫述職報告，皇帝以及吏部根據官員遞交的述職報告罷免貪官和瀆職的官員，對於辦事不力的官員降職以示告誡。對於辦事得力的官員留任升遷，短短三個月張居正裁汰了三千餘名官員。

考績不僅裁汰冗官，更重要的是藉此發掘治理人才，官員不論出身不論資歷，只看政績而陟黜，國家人才能力得到充分的發揮。張居正唯才是用，大刀闊斧地進行人事改革，口誇空言者靠邊站，國家由幹練踏實人員推行國政，強而有力地使國家機器有效地運轉，使明王朝從中現出處處生機。

（四）監察吏治

張居正認為，明朝財政困難、社會不穩、政治腐敗、民心思變，在於吏治不清。張居正以「考成法」整頓吏治，建立嚴密的自上而下的層層監督體系。「考成法」是逐月查核各級官府在期限內應辦好之事，並以此考核官員的政績，使各級官員在落實改革政策的每一步都不敢有所怠慢。「考成法」提高了行政效率，釐清了吏治，嚴振綱紀，使新政改革得以順利進行。

（五）邊防與河患

國家邊防方面，張居正力排眾議，將在南方沿海抗倭寇的戚繼光調往北方鎮守薊州，抵禦韃靼，並將反對戚繼光的官員調開，甚至免除職務，使戚繼光發揮所長，久鎮北方。

治理河患，委任潘季馴治理黃河，為潘季馴掃除一切流言障礙，使他能夠無後顧之憂地一次次投身於治理黃河，最後贏得「千古治黃河第一人」的美譽。黃河得到妥善治理，更得良田逾萬，人民安居樂業，國庫收入充實，造成社會長久安定。

張居正政改狂飈波濤

右列新政的改革，看來不失明智之舉，理所當然；實則推行時驚濤駭浪，風口處處，任何一個細節不小心，便舟覆人亡。

張居正在推行新政時所承受的壓力，是是非非的攻擊，亦非常人可以抵受擔當。首先，未行新政策，張居政便淘汰了三千多名官員，從想像中可知造成多少仇恨，多少人會中傷他。他大量提拔新進幹員，又可以予人多少次口實。朝中反對派沸沸揚揚之口，社會與朝中輿論壓力之大，時代罕見。

其次，監察吏治制度，層層監督，層層負責無端多了許多文牘工作，大小官吏工作要謹慎細微，戰戰兢兢，無端多幾許工作壓力？政改未成氣候之前，哪個官員不叫苦連天？張居正惹來人心咒罵實有不少。至於重新丈量耕地以賦稅，更觸動權貴高官、皇親國戚直接利益。長久以來既得利益者直接奪取田財，無不對張居正恨之入骨。這些反對者很容易糾合成一有力集團，欲以排山倒海力量將之逐出廟堂。無時無刻不在窺伺張居正的失誤而落井下石。

張居正在施行新政當中，既有超越時代的眼光，亦有為社稷鞠躬盡瘁的壯志雄心和魄力，張居正用人不疑，一旦以委以重任，即傾力支持。如對戚繼光之用兵，潘季馴之治黃河，都貫徹始終支持，使其安於職位，造福國民。

新政的推行雷厲風行，井井有條，成效日見，但反對者無言以對之時，則攻擊張居正獨裁，不愛與非同路人商議。如今事隔多年，可知張居正眼光與魄力古今罕有，推行新政改革若與反對派商議，則何能建華廈於廢墟？張居正政策都是為國家，為廣大國民謀福祉，反對者聲音只着眼個人利益與沽譽，可知何人為政治家，何人為政客了。

第廿二章　張居正的鐵腕是非

張居正父親去世，按官制應回鄉守孝三年。他知道若離開朝廷，必前功盡廢，乃不顧一時之毀譽，也不計萬世之是非，毅然堅持留任。張居正死後家破人亡，謗毀滿朝，御史彈劾他「貪濫僭奢，招權樹黨」。萬曆帝說他「專權亂政，罔上負恩，謀國不忠」。他的長子不堪刑求，自縊身亡。邱橓主持查抄張居正家，把張府老弱婦孺困於府中，不准出入，餓死十七口。

張居正是個有爭議的人物，歷來史學家對他的評價，毀譽參半，褒貶不一，說他徇私，善於權謀，獨斷專行，陷害他人，生活奢侈……這些評語是蓋棺而不能定論，後世的學者，仍然對他的為人功過，進行了重新審視。

張居正鐵腕反擊

萬曆五年政改剛現一點成績，張居正父親此時去世，按官制應回鄉守孝三年。明朝的士大夫忠君盡孝的觀念根深蒂固，不辭官守孝何來盡忠？如此一來，人情洶洶，眾御史和六部官員大條道理要張居正退下，令他猶豫難堪。此時張居正若離開朝廷，政改必功虧一簣。他明知身危而不退步，不顧一時之毀譽，也不計萬世之是非，毅然堅持秉公留任。他在李太后、皇帝、馮保支持下應付排山倒海輿論攻擊，選擇「奪情」。

這時宦官馮保要吏部尚書張瀚奉詔挽留張居正，但張瀚認為不辭官守墓三年有違孝道。吳中行上疏彈劾，說張居正奪情是違背「萬古綱常」，艾穆、沈思孝聯名上疏彈劾張居正奪情是「貪位忘親」。張居正廷杖反對奪情者，將吳中行、趙用賢革職除名，艾穆、沈思孝、鄒元標分配涼州，一些官員充軍。後來萬曆帝出面說張居正「親承先帝付託，豈可一日離朕」。命張居正在官守制，帝詔諭群臣，再攻擊張居正「奪情」者，誅無赦，非議才消止。

但張與大多數士人為敵，背後落得貪權不孝的罵名。他擔心攻擊自己的言論會引起皇帝的疑慮，自己可能「中奇禍而不能自保」。年輕的萬曆帝對他說：「先生功大，朕無以為酬，只是看顧先生的子孫便了。」

張居正的人味官味

顧東橋最早賞識張居正，張居正銘記顧的栽培，入閣時顧已去世，即請求追加恤典，關照其家屬。徐階對他亦有提攜之德，他亦努力償報，不惜得罪權勢正盛的高拱，保全其兒子性命財產。當張居正炙手可熱時，高拱落拓鄉曲，他未有報復高拱的詆毀指責，如日中天回鄉時特意去探望他，在他死後給以恤典告慰亡靈。

汪道昆升任兵部侍郎，寫了篇文采斐然的奏章討好他。張本已不滿他巡邊時常與文人吟詩作賦，便狠批「芝蘭擋路，不得不挫」，把他免職。他提拔的李成梁送他重金，他拒收厚禮，並說應當殫精竭慮以報國家，酬謝知己。

此外，海瑞是有名的大清官，道德高尚，名重於世。讓他管最富庶的幾個州府，不過兩年，稅收減少三分之二，大戶都跑了。張居正不得不棄用海瑞，因而惹來不能容人的閒話。邱橓自幼家貧，聰明好學，為官剛正不阿，嫉惡如仇，敢冒言進諫，罷官復出被言官推薦，但張鄙厭其人，評之「迂板」而不用。邱懷恨在心，後萬曆命他主持抄張居正家。

教育改革具非議

張居正重視教育。萬曆三年，他改革府、州、縣學，核減名不副實的生員，黜革一批「學霸」，着重實學之士；令吏部慎選學官，整頓學官及儒學教官；規定儒生「着實講求，不許空談」；同時，令學官不准創建書院；禁止生員講論時政和批評官員；嚴格限制生員人數；荒廢學術者不得應試。以上措施輔以「考成法」監督，切實施行。如此官場補充不少新血，但其中措施亦惹來不少非議。

張居正之享樂與嚴苛

張居正固然有功於社稷，惟個人喜歡講究享受，生活奢華，擁有豪華別墅，佔據嚴嵩留下的香爐，接受戚繼光獻奉的波斯美女。回鄉省親時用三十二人抬的特製大轎，權作辦公室，從僕如雲，時人側目。張居正嚴禁國家和後宮花費，對帝主用度管束甚嚴，李太后之父李偉等要求加添爵賞也遭拒絕。

張居正身死禍殃滿門

張居正死後不久，御史李植上疏彈劾馮保十二大罪狀。萬曆覽奏後大喜說：「吾待此疏久矣！」查抄馮保家產，得金銀百余萬兩，珠寶無數，將馮保發配南京孝陵種菜。

這時候，宦官張誠及御史李植、羊可立、江東之等紛起攻訐張居正與馮保「交結恣橫」。御史楊四知彈劾張居正「貪濫僭奢，招權樹黨」。羊可立說張構陷遼王，遼妃說遼王府家產無數，全入張家。於是萬曆皇帝立即剝奪他在張死前九天所封賜的「太師」榮譽，撤銷「文忠」謚號，命邱橓主理抄張居正家，張府老弱婦孺即被困府中，不准出入，餓死十七口，有說後來打開府門見府中餓犬噬食嬰屍。

邱橓當年被張居正歧視，至江陵張家錙銖必究，抄出黃金萬餘兩，白银十餘萬兩，數額不少，但所得財產不及預期二十分之一。邱橓不滿，逼家屬索款，苛酷慘絕人寰。萬曆帝看到對張居正家查抄金銀不多，便說張居正「專權亂政，罔上負恩，謀國不忠」，張居正歿後大明國庫積銀四百余萬兩、存糧可支十年之需。事情發生離張居正去世只有一年又十個月。

骨鯁之臣說公道話

不過，公道自在在人心，中國人中還有骨鯁良知之士。

張居正死後家破人亡、謗毀滿朝的時候，竟然有當年的政敵，拋開恩怨，義無反顧為張居正鳴冤。趙錦、于慎行等曾被張居正打壓、貶職、罷官，都上書為張居正求情。連因得罪張居正而被逼引退的侍郎陸光祖，復官後替張居正說好話，又再被降職。而因政見不同，被張居正處以廷杖八十，打到殘廢的都御史鄒元標，還拖着一條拐腿為張居正昭雪奔走呼號，稱讚張居正「功在社稷，過在身家」。治河專家潘季馴看不下去，上疏皇帝說，「行道之人皆為憐憫」張家。皇帝看了不高興，視之為張黨，革職為民。內閣大學士許國連上三疏求去。薊州總兵戚繼光被視為張黨，調到廣東任總兵，不久被妻子離棄，貧困而死。

李植以及江東之、羊可立三人，以「盡忠言事，揭發大奸有功」，分別晉升為太僕寺少卿、光祿寺少卿和尚寶司少卿。

張居正死後約四十年，天啟年間方恢復名譽。崇禎時獲得全面平反。

第廿三章　與萬曆帝個人恩怨

張居正要把萬曆小皇帝培養成一個仁慈寬厚、勤政愛民的好皇帝，進呈了《帝鑑圖說》，根據歷代帝王事跡選取善惡，使皇帝明白治國道理。張居正染病，萬曆探望他，親手烹製飲食。張居正死後，萬曆才發現尊敬的老師竟然言行不一：他要別人節儉，自己卻生活奢華，而且美妾愛姬成群。

張居正當國，從破敗國運中轉弱為強，萬家生佛，使國民安居樂業，文教鼎盛，並不是單憑運氣，其人自有過人之處，每個時代都有高呼政改之聲，但只有張居正才獲得空前絕後的成功，以史為鑑，且讓我們探索一下。

成功關鍵　勇於擔當

首先，張居正因時制宜，取得近乎帝主乾綱獨斷的權力，得到代表皇室的李太后、內廷的太監領袖馮保支持，共同進退，可以摧毀一切反對勢力。其次，張居正學識廣博，高瞻遠矚，有具遠見的目光和策略，針對時弊，使病入膏肓的軀體藥到病除。絕對權力和高瞻遠矚這兩點許多時代人物都會具備，但張居正還有的是務實，能提拔人才，並撕破偽善者的臉孔。尤其是後者，在政海一定敢於擔當，不計個人的毀譽和損失方能辦到。

張居正政改第一步是淘汰冗官，三個月內汰冗官三千人，不能不說是大手筆，極需要勇氣和擔當。隨之監察官吏考績得法，而引進許多實幹人才。為這個政改團隊，奠定成功基礎。這要歸功於領袖張居正有知人之明，其實，人事選任和淘汰，極易受人非議。如此，張居正引來獨裁和任用私人的攻擊。執政之初，未見政改成效之初，說他獨裁猶可，但政績斐然，國泰民安，便不能說張居正獨裁了。一國政事紊亂，分擔職責崗位不少，沒有眾多幹練人員施行則不能成功，豈是一人獨裁見效？

打壓強豪　嚴禁亂政

說到這裏，張居正施政另一獨到之處是注重吏治。何謂吏治？吏者，下級官員，其實指親民之政府人員，首輔，侍郎等是立於朝廷廟堂之官。吏是日常與市民接觸人員。俗語說閻王好見，小鬼難當，吏地位有如「小鬼」。小吏質素低，則極容易威嚇戲侮小民，為難小民，造成國家重重冤氣戾氣。小吏如奉公守法，屏絕私心，則政治已清明一大半。歷來許多廟堂高官根本忽略吏治這種現象。

張居正成效最顯而抗拒最甚的政策是重新丈量田畝徵稅，這簡直是與強豪集團生死相搏的利益爭鬥。漢代早有這樣的土地兼併問題，而歷代朝臣如何努力都不成功。獨張居正有賴得力團隊認真工作，不懼威逼利誘，終於完成歷史性創舉，使國庫稅收盈足。

傲然面對謗議

張居正減核學院與學額，禁止生員講論時政和批評官員，在言論自由社會實在不當。但當時環境若開放言禁，生員天天說理想，未深入社會、沒有深刻人生經歷、沒有實際政治經驗而空言批評攻擊政府，當造成社會動亂，情況亦可理解。然事實勝於雄辯，張居正政績有目共睹，再多言乃不論實際。

「奪情」一事，張居正被攻擊得最狠，他豈不知有違傳統以來士人最重視之孝道？他寧冒天下大不韙，選擇緊守崗位，不讓政改功敗垂成，是為全國福祉着想多於私人名位。而以此攻擊者若非不智，則圖奪權私利，一副不顧蒼生的政客嘴臉昭然若揭。

與萬曆帝個人恩怨

張居正為了栽培十歲的小皇帝，煞費苦心。他向皇帝進呈了《帝鑑圖說》，根據歷代帝王事跡，選取「善、惡」者繪成圖文，以易懂的文字把故事說出來，使皇帝明白每個故事中所蘊含的治國道理。萬曆把這本書放在書案上，張居正一一講解給他聽。有一次，張居正染病，萬曆便到他那裏探望他，並親自為他調製一碗椒湯。

萬曆自小喜歡書法，寫得一手好字，常賜字給大臣，稱頌讚美之聲不絕。誰知張居正就上疏皇帝，勸告萬曆說：「帝王之學，當務其大者。」不該沉迷書法。自始萬曆再不敢賜字臣下，十分沒趣。一次萬曆在讀《論語》時，讀錯音，張居正厲聲糾正，嚇得萬曆驚惶失措，在場的大臣也相顧失色。

萬曆七年，皇帝向户部索求十萬金，以備御膳之用，張居正上疏不許，言明户部收支入不敷用。太后想重修宮殿，張居正也力爭，停輸錢予內庫供賞，要統治者收斂奢侈。甚至將萬曆晚上的課程改到白天，免去晚上的燈火費用。

萬曆開始對張居正改觀

張居正當政十年，萬曆由十歲的小孩子成長為青年。當萬曆十八歲時，行為不檢差點弄死宮女。又一次喝醉了酒，打傷馮保兩個養子，李太后大怒，要把萬曆廢掉，讓他的親弟做皇帝，嚇得萬曆痛哭。後來張居正代帝寫「罪己詔」。因這件事由馮保告發，張居正的罪己詔使萬曆顏面盡失，心下開始對二人不滿。

當張居正死後，萬曆才發現他一直尊敬的老師竟然言行不一。要別人節儉，自己卻生活奢華，不但京城有豪華府第，而且美妾愛姬成群。萬曆感到自己一直奉若神明的老師長期欺騙了他。張居正去世的第二年，萬曆皇帝以各種名目從國庫中支取銀兩，一年即超支一百七十六萬兩有餘。

自從張居正死後，李太后再沒有過問政治，也沒有阻止萬曆對張居正的刻酷。萬曆先後辭退張居正薦用的人才，代之是被張居正視之為空言無能之輩的人。他痛恨所有與張居正牽連的人，後來三十年索性不上朝，讓國事自行糜爛。

後人對張居正評價

幾百年來文人論政多言及此事，堂堂皇皇，但從無一人說張居正貪污。例如海瑞說張「工於謀國，拙於謀身」。鄒元標說：「江陵功在社稷，過在身家，」梁啟超譽張居正為於中國六大政治家之一，愈近代對張居正功績愈為讚賞。

不過野史卻有另一種說法。有野史說張居正知放不知收，常看不起別人。與張同年進士的某人素被張鄙視，張死後即密告萬曆張居正辦公地點有祕道直通皇宮內寢室，萬曆得知後大驚。另有民間傳說「黑心宰相臥龍床」，暗指張與李太后關係曖昧。是耶？非耶？可能是張居正的政敵刻意製造謠言，沒有具體證據之前，不能作實。這些流言只好作茶餘之後佐談了！

第八篇

戰神威繼光

第廿四章　鐵血兵團戚家軍

倭寇紀律嚴明，作戰時互相呼應，進犯時有戰術，進攻時會先佯敗，再圍殺明軍；且擅於製造恐怖氣氛，打扮古怪駭人，使人見之不寒而慄，不敢對抗。倭寇最厲害的是倭刀精利，一刀劈下，能連劍帶人斬成兩截。入侵初期戰無不勝，直如虎入羊群，明軍束手無策。沿海各省海濱村戶，惶恐終日。

十六世紀中葉，倭寇勢力大張，掠劫東南沿海居民。其作風並非一般盜賊般搶奪財物後呼嘯而去，而是盤踞村落，奸淫擄掠，對村人性命取殺予奪，隨其肆虐，蹂躪當地居民，使之陷入無法無天的恐怖世界。

倭寇鬼哭神號　動魄驚心

當時中國沿海居民在海禁下營走私貿易，官府鞭長莫及，眼開眼閉。長久以來造成一股海上勢力，肆無忌憚活動。而日本則處於戰國時代，國內大小軍閥互相攻戰，敗兵逃入海上為寇，進犯東南沿海，與海盜合作及與走私奸商勾結，以掠奪為生。

倭寇多是敗兵，絕非一般烏合之眾，善於作戰。倭寇中嚴明紀律，作戰時互相呼應。進犯時有戰術，有計劃，法度嚴謹。先派小數人潛入村落窺探，或使當地人作嚮導。進攻時會先佯敗，再圍殺明軍。且作戰時擅於製造恐怖氣氛，以海螺嘟嘟聲指揮作戰兼擾亂對方心神。日本武士戴上惡鬼臉具，打扮古怪駭人，使人見之不寒而慄，不敢對抗。倭寇最厲害的是倭刀精利，一刀劈下，連劍連人斬成兩截。倭寇入境時燒殺搶掠，警號處處。入侵初期戰無不勝，軍民驚心逃竄。

倭寇之摧枯拉朽，直如虎入羊群，明軍束手無策。

倭寇乘坐載上百人的大船登陸，大舉出動時達三五十艘大船共同進退，人數每每達數千人。及後倭寇變本加厲，不止搶奪財寶，且尚登陸建立基地，圍攻城池，收買及裹脅漢人加盟引路，大張旗鼓入侵。高峰時曾結集人眾兩萬兵員，儼然強國勁旅。

倭寇常常以寡敵眾，亦取得勝利。一次曾有一股七五十人倭寇，登陸後深入腹地，越過杭州經淳安入安徽，逼近蕪湖，繞南京城一匝。當時南京駐軍十二萬，軍士迎抗，最終殲滅倭寇，而明軍斯役據稱竟被殺四千餘人之多。其情形之酷烈，令朝野震動，沿海各省海濱村戶，惶恐終日。

明代軍務日弛　不堪一擊

明朝開國之時，朱元璋的軍隊掃平起義群雄，驅逐蒙古軍竄逃漠北。徐達、常遇春等名將，讓敵人聞名膽喪，何等威風？及燕王即位，國勢之盛，當世莫敢攖其鋒者，軍威四播。可是明承宋陋，重文輕武。當然害怕軍人擁兵謀反，亦因「土木之變」後未有大型戰爭，軍務廢弛。

明朝武將統由文官節制，軍餉亦由文官控制，軍士地位低微。明代本設二百萬軍戶，屬強定性質，每戶出男丁一人，軍隊便有二百萬之眾，聲勢浩大。但時歷百多年後，下層軍士不少人不甘當兵，既因軍餉微薄，更時遭長官剋扣，故流散者眾，不復當年。且有兵丁淪為軍官僕役，或被指派營造或運輸勞工，故逃亡軍籍或換籍者大有人在。而廟堂朝廷之上，文官好作空言高論。對當機立斷主戰投入戰鬥者，被評為好功嗜殺，貪功冒進。武將猶豫不決按兵不動者，則被譏為畏縮不前，養寇自重。情況如此，軍人何來士氣？

及至與倭寇對陣時，倭刀精利，擋者披靡，又何以泱泱大國明軍之武器不及小小島民利刃？經後人考據，原來明軍主要武器是纓槍。此槍是一種在長柄上裝有鋭利尖頭的兵械，可以追溯到隋末唐初軍隊所用，用以代替矛。

因明代戰鬥注重步兵和騎兵。此等長槍簡單易用、造價低、長度有優勢，適合高地平原衝刺搏鬥。如今與倭寇在沙灘平地山澗追逐搏殺，則用刀更為有利。倭刀又何以如此精利呢？在於日本武士人人隨刀掛身，倚靠此刀保身立命，風尚精研製刀，據云精製鋼刀之法在唐代時傳至日本。日人不愛纓槍而愛刀，遂將製煉鋼刀之法精心研製，發揚光大。

本來明軍確對倭刀忌憚，但在戚家軍與倭寇一次戰役中殺死倭酋，在倭酋屍身中搜得煉精鋼刀之法，研究之下，亦製得寶刀匹敵，便是後來著名的「戚氏軍刀」。

鐵血兵團　軍法嚴苛

戚繼光（一五二八—一五八八），山東蓬萊人。生於將門，自幼便立志保家衛國，十七歲時承襲父位任登州衛指揮僉事，廿五歲提升為署都指揮僉事，在山東一帶對抗倭寇。嘉靖三十四年，戚繼光調任到倭患最嚴重的浙江。甫就任時但見衛所空虛，士兵老弱；將官不懂兵法，不習武藝。由於原駐軍隊無戰鬥力，熟知兵法的戚繼光於是提出創辦勁旅。

首先，戚繼光選士另有一套，愛用淳厚體健的鄉農，拒用臉色白晰、眼神輕靈的市井浮滑之徒。強調軍中不帶個人色彩，個人高強武藝不被重視，戰場上重視合拍合作，再三申明全隊人員配合的重要性。實行連坐法，賞罰一體，建立鐵一般的紀律。即使一戰役敗，士卒只要勇敢作戰亦有賞，一顆敵人頭顱賞銀三十兩。集訓時離隊小便者則被割去耳朵。一次戚家軍三千人在郊外列陣，適逢大雨滂沱，戚家軍竟然從清晨筆直站立至黃昏，不動如山。戍守的原來邊軍見到，大為驚駭，才體會到軍令森嚴的可畏。這支軍隊雖然只有三千人，但打起仗來能以一當十，場場戰勝。

戚繼光要求軍士刻苦訓練戰鬥技術外，尚重精神教育和愛國教育，常常訓話勉勵士兵，提高士氣。自從一五五九年三千人的戚家軍成立以來，從未敗陣，後來擴充至一萬人。至一五六四年大敗倭寇，剿滅外患取得徹底勝利。

第廿五章　名將暮年　坎坷落寞

這支鐵血兵團作戰勇敢，紀律嚴明，建軍以來，遇敵勢如破竹，被視為倭寇剋星。戚繼光的上司都極欣賞他的才幹，凡軍務所請，基本上有求必應。戚繼光一生官階無數，他每離開一個地方，都是身無分文，淨身而出。晚年被免除職務，只得孤獨回鄉，貧困終老。

嘉靖四十二年（一五六三年），倭寇佔平海衞，譚綸為右僉都御史總督軍務，戚繼光率軍前去支援。譚綸命劉顯為左軍，俞大猷為右軍，自領中軍，戚繼光則為先鋒，圍攻平海衞，一舉斬首兩千餘。戚繼光等乘勝追擊，又斬殺三千多人。朝廷錄前後各戰役戰功，以戚繼光代替俞大猷為總兵。世蔭千户。

這支鐵血兵團作戰勇敢，紀律嚴明，從不擾民居，得到居民讚譽，不約而同稱之為「戚家軍」。建軍以來，遇敵勢如破竹，保鄉衞國，被視為倭寇剋星。

戰陣相搏　鐵血無情

戚家軍取得輝煌戰功，事非偶然。一旦陣前衝殺，鐵血無情，刻酷之處，聞之亦膽喪。戚家軍的連坐法，是一隊一哨的官兵都要互相保證接陣時一定勇往直前，不能退縮。一人退卻則一人斬首，全隊退卻則隊長要被斬首，隊長殉職而全隊退則全隊被斬首。奏摺提及一次戰役，戚繼光命軍士奪取被倭寇佔領的一座石橋。第一次進攻失敗，第一批官兵三十六人全部陣亡。第二批強搶橋頭又損失將士一半，剩下官兵企圖後退，在戰場督師的戚繼光霍然手刃退卻之隊長，才逼得餘勇繼續進攻，結果衝破敵陣，大獲全勝。

據説，另一次戰役戚繼光早早擬定接戰後佯敗，誘敵墮入圈套，一舉殲滅對方全師。誰知其領軍的兒子求勝心切，按捺不住，時機未至而發難衝殺，使部分倭寇逃出生天。戚繼光按軍法處斬。眾人苦苦求情，戚繼光不為所動，認為貽誤軍機，不能不誅。不誅以後難以嚴肅軍紀，只有揮淚執行軍法，斬於轅門外，一軍動容。戰事無情，徒歎奈何！戰場上利鏃穿胸，尊威命賤。寄身鋒刃，胸臆誰訴？一陷戰陣，血肉相搏，骨肉無情。斯時也，正如古人浩歎：生也何辜？死也何咎？後來當地百姓不忍，懷念戚公子，為他建造一座太尉殿，據説至今猶存（有説此非親兒而為義兒）。

設計兵器　精研陣法

戚繼光天生將才，善謀善斷。對於戰陣求勝，費盡心機，對兵器革新亦極為重視。除前文精研製作鋒利無比的戚家軍刀外，尚擁有厲害制敵武器。先説戚繼光發明的狼筅，狼筅像常見的大掃帚，長一丈五尺，重七斤，有竹鐵兩種，表面蓋着鋭利的尖齒，仿如狼齒。狼筅用以對付倭刀，狼筅上有茂密的鐵質枝葉，槍刺不穿，刀砍不透，能夠保護士兵，使敵人不能近身，狼筅上有鋒利的尖刺，殺傷力極大。尚有長纓槍，及奇門設計的像叉子的钂鈀，適合招架，既能當槍矛刺擊，又能當刀劈砍。

戚繼光抗倭之時，倭寇持有火器——火繩槍。戚繼光重視火繩槍的威力，經研製改良，造出「鳥銃槍」。鳥銃槍管用熟鐵打造。每次發射時裝上火藥，射程可達三百米。戚家軍步營有兩千六百九十九人，裝備鳥銃一千零八十支，具見威力。還有地雷，南宋時已有「震天雷」，是地雷的雛形，於明朝中後期得到改良。當日地雷當無今天威力，但突然引爆，敵人防不勝防，亦具殺傷力。

戚繼光運用各種武器，配合著名的鴛鴦陣殺敵。鴛鴦陣是十二人各持不同武器對敵的組合。小隊裏面設有狼筅、藤牌、長槍還有钂鈀這四種兵器，進攻防守均可配合，廝殺時攻守兼備。這種陣法在當時極為先進。

利用時勢環境　成就戰神

歷史上許多名將，都是因政治因素為當政者掣肘而失敗。戚繼光能謀善斷，所向無敵，亦歸功於朝廷絕對信任配合，上司鼎力支持，讓戚繼光能夠穩掌兵權、積極備戰。戚繼光的上司譚綸、首輔張居正，都極欣賞他的才幹，凡軍務所請，如糧餉充裕、武器精良的要求，基本上有求必應。即使後來調任鎮守北方，築禦敵台時，被朝中大臣批判奚落，但得張居正支持成事，禦敵台修成，堅固雄偉，連綿邊塞二千里，皇帝穆宗對此感到非常滿意，多予賞賜。

盛譽當前，謗必隨之。有史筆彈劾戚繼光貪污，說他每到一個地方，都要先去拜會當地士紳，請客送禮，大吃大喝，結交為兄弟。若照他的薪俸，絕不可能承擔得起這種消費，錢財一定是斂財貪墨所得。另說朝廷既允由他招募新軍，會發出軍餉，可是戚繼光又另向地方士紳募款，強令士紳出錢出糧，招兵時又多報名額，吃空餉。戚如此積累大量錢財，藉此賄賂朝廷重臣，使他不斷升職。

其實明朝官場複雜險惡，朋黨之爭不斷，地方貪墨成風。在明朝為官，如果沒有加入黨派，如果沒有足夠的錢財來疏通人脈，打通關係，要到官運亨通，禍不及其身，幾乎沒有可能。送禮疏通，成了官場陋習。豈能要求戚繼光獨自清高？

戚繼光一生官階無數，大小官都當過。南到福建廣東，北達蒙古東北，走遍了大半個中國。從無聽說過戚繼光在哪裏過的是奢華生活。他每離開一個地方，都是身無分文，淨身而出，甚至也沒有留下什麼遺產。我們能責備戚繼光貪污乎？叫酷評戚繼光的人去領兵訓練新軍，恐怕早被倭寇攔腰斬為兩截，全軍覆沒了！

寂寞的失意晚年

當張居正歿後，戚如失泰山支柱。當時文官嫉妒武將的成就，已成風尚。因為戚繼光被張居正器重，萬曆帝恨張居正便視戚為眼中釘，不承認其以往功勳，貶了又貶。把戚繼光從北方又調回廣東，遠離京畿，減少威脅。不久索性免除其職務，戚繼光晚年只得孤獨回鄉。

戚繼光是名將中罕有具情才的人物，能寫得一手比常人優美的書法，且能詩能文，對歷來傳下兵法早已了然於胸，其本人亦留有兵書傳世。在暮年失意時留有名詩傳世。

他在梅嶺時寫下：

北去南來已白頭，逢人莫話舊時愁。
空餘庾嶺關前月，猶照漁陽塞外秋。

他回到了闊別已久的故鄉時寫下：

日月不知雙鬢改，乾坤尚許此身留。
從今復起鄉關夢，一片雲飛天際頭。

五十六歲的戚繼光此時知交好友和同僚已所剩無幾，元配王氏最終也與他反目回娘家，使到戚繼光在貧病交逼下去世。一代名將，下場如此，能不令人唏噓感慨？

第九篇

◆ 崇禎帝與袁崇煥的恩怨

彈劾魏忠賢的奏疏接二連三，魏忠賢以退為進，自動告病請辭，排場十足出京城，崇禎立即派錦衣衛緝拿回京究治，錦衣衛趕到，回報魏忠賢在旅館自縊身亡。但不少人認為過程全由崇禎導演：先命人彈劾崔呈秀揭開序幕，再使錦衣衛在旅館中除去心腹之患。

崇禎是明朝亡國之君，他是個怎樣的皇帝呢？

歷代亡國之君若非暴君，便是昏君了，崇禎好像兩者都不是。《明史》說他「不邇聲色，憂勤惕厲，殫心治理」，對他的評價很高，說他用心投入國事，勵精圖治，是個勤政愛民的好皇帝。崇禎嘗自言「朕自御極以來，夙夜焦勞」，他對自己要求嚴格，勤於朝政。他寫得一手好字，不好聲色，可是這樣的一個國君，最後還是亡國悲慘收場，又何以如此？

崇禎繼位　收拾閹黨

天啟七年（一六二七年）熹宗臨終時仍無子嗣，指定由弟信王朱由檢繼位，是為崇禎帝。崇禎八月二十三日入宮，當天晚上怕有人謀害他，不敢睡覺，不敢吃宮中的食物，只吃袖中私藏的麥餅，並取了官兵的佩劍防身，第三天正式登上帝位。此時魏忠賢控制朝局，親信田爾耕為錦衣衞提督，崔呈秀為兵部尚書，分掌朝廷內外兩大兵權。朝廷自內閣、六部及四方總督、巡撫等等均為魏忠賢奸黨，崇禎在皇宮身處徨恐壓抑中。這時，崇禎對魏忠賢表現得信賴倚重，常嘉許魏忠賢一干人。另一方面，將自己王府中的宦官和宮女帶到宮中，維護自身安全並開始籌措對付魏忠賢。

魏忠賢為了試探崇禎，上奏請求眾人停止為他建造生祠，崇禎好像胡裏胡塗地批准了。十月，御史上疏彈劾兵部尚書崔呈秀，説他恃權納賄。魏忠賢這時也不喜歡崔了，因為他曾拒絕合作前此宮廷政變的陰謀，崇禎即照准。魏忠賢不知道這便失去一條有力的臂膀。朝廷的風向轉變，彈劾魏忠賢的奏疏開始接二連三出現，礙於壓力，魏忠賢以退為進，自動因病請辭。崇禎即順其意派之往祖陵司香，實則把他逐出朝廷，使他失去所有黨羽的聲援支持。

魏忠賢剛排場十足出京城，崇禎立即派錦衣衛緝拿回京究治，錦衣衛趕到，回報魏忠賢在旅館自縊身亡。歷史如此記載，但不少人認為過程全由崇禎導演：先派人彈劾崔呈秀揭開序幕，再使錦衣衛在旅館中除去心腹之患。魏忠賢死後，將閹黨二百六十餘人，或處死，或遣戍，或終身禁錮，予一度在朝廷氣燄囂張的閹黨予以致命打擊。

崇禎即位不久不動聲色剷除作惡多年的魏忠賢奸黨，手段漂亮狠辣。令人耳目一新，跟着便對付東北剛冒起的邊寇女真。查核紀錄只有袁崇煥大勝女真，而為魏黨貶抑，於是重用袁崇煥。一時間朝廷冒起中與現象。

努爾哈赤崛起　明軍三仗覆沒

追述萬曆四十五年，努爾哈赤發兵攻明，明軍敗，總兵張承蔭戰死，萬餘兵將全軍覆沒，舉朝震駭。隨後楊鎬指揮明軍十二萬分四路攻女真。女真八旗兵約六萬人，兩次接戰下來，楊鎬三路大軍覆沒，朝廷派熊廷弼去守遼東。熊廷弼在遼東練兵守城，軍紀肅然，把局面穩定下來。熊屬東林黨，被敵對一派不斷上奏攻擊，說他不敢出戰收復失地，被革職，改用袁應泰。女真兵來攻，七萬明軍敗潰。

朝廷再請熊廷弼出來，兵部尚書張鶴鳴和熊意見不合，支持好大喜功的王化貞，王化貞領兵十四萬出戰，一交鋒全軍覆沒。明軍與努爾哈赤打了三場大仗。每一仗明軍都是大敗，被殺得片甲不留。每一個大戰役，總兵官都陣亡，副將、參將也大都陣亡，可見明軍將領非不落力。爾哈赤興兵以來，百戰百勝，從未吃過一次敗仗。

袁崇煥天生將才　力挽狂瀾

袁崇煥，廣東東莞人，祖上原籍廣西。為人慷慨有膽略，萬曆四十七年進士，被派到福建做知縣。後來到北京述職，發表對遼東軍事的見解，引起御史侯恂注意，向朝廷保薦袁崇煥，升為兵部職方司主事。適時明軍在大戰中全軍覆沒，朝廷上下惶恐緊張。

這時袁崇煥卻孤身一人，騎一馬出關外考察形勢。他向上司詳細報告了邊境形勢，認為自己只要有兵馬，可以守得住山海關。袁終於被派到山海關，上司是孫承宗。孫承宗要派兵到外圍寧遠駐守，袁崇煥自告奮勇領兵，孫承宗很讚賞他的勇氣，讓他帶五千兵馬往寧遠。

寧遠位於山海關東二百餘里，袁崇煥到後不久，見城牆只是一道土牆，根本無險可守。當即徵集士兵和百姓修築城牆，牆高三丈二尺。袁崇煥與將士同甘共苦，百姓也人人落力築城，城池不久完工。袁崇煥又運來荷蘭紅夷大炮十一門架在城頭，使寧遠成為一個堅固的堡壘。

巨砲轟天　努爾哈赤飲恨而歿

據傳這時孫承宗因不肯向魏忠賢行賄，被撤職換為高第。天啟六年（一六二六年）努爾哈赤挾連戰連捷餘威，率兵號稱二十萬進攻寧遠。此時據守山海關的高第嚇破了膽，命令關外明軍全部撤回。袁崇煥接到命令後十分憤怒，拒不執行。高第也不管他，將其餘軍事據點中的兵力全部撤走，寧遠變成一座孤城。袁崇煥手裏只有一萬多兵，情形看來十分危急。

袁崇煥卻鎮定自若，並將家眷接到城裏。向官兵下拜，刺血為誓，激以忠義。全城上下抱一死決戰之心。命參將祖大壽率領一支兵馬出寧遠作為呼應，做好了決戰的準備。正月二十三日，努爾哈赤率軍殺到。他首先威嚇利誘袁崇煥，無效後翌日便親自督軍大舉攻城。女真軍驃悍兇猛，漫山遍野撲向寧遠城，很快衝到了城下。袁軍慌忙打開城門逃入城中，女真軍隨即啣命窮追，直闖城內中心。

這時袁兵大多左衝右突逃去兩旁找掩蔽，邊打邊逃。女真軍勝利在望，傾師而入，團團叫囂。待不少女真軍已衝至城內，突然，城頭紅夷大砲齊發亂轟，打得女真兵血肉之軀人翻馬仰，在莫名其妙中已血肉模糊魂歸天國。後至的女真軍急急愴惶竄遁，大砲再掉轉砲口，一轟再轟。紅夷大砲聲勢震耳欲聾，射程又遠，馬匹未能逃逸射程者，人馬應聲而倒。努爾哈赤等眾女真兵從未見過如此陣仗，枉十倍兵力，人多勢眾，結果一敗塗地，傷亡慘重，不得不四野奔逃。

其後雙方再戰，血戰三日，女真兵損失慘重，不得不退兵。戰陣亂砲之中，努爾哈赤亦為火砲所傷，不久陣亡。此為袁崇煥首仗之寧遠大捷，亦為明軍首次勝仗。捷報傳至京城，人心奮躍。

第廿七章　赤膽忠心的下場

寧遠已發生兵變，因欠軍餉四月。袁崇煥再三上疏請餉，軍餉久久不至，請求發內帑。崇禎知道後很生氣。翌年袁崇煥以尚方寶劍殺驕將毛文龍，崇禎內心對他不滿且懼。及後崇禎召見勤王的袁崇煥，北京城門禁閉，只用繩子吊一個筐子下來，把袁大帥吊到城上。袁崇煥到了平台，立即被下令逮捕。

崇禎元年（一六二八）七月，崇禎於平台召見袁崇煥，大加慰勞，然後問平遼方略，袁煥說五年女真可平。崇禎道：「五年復遼，到時朕不吝封侯之賞。卿子孫亦受其福。」袁崇煥謝恩。

罕見恩遇　頒賜蟒袍玉帶

當時有大臣認為袁說得過於輕鬆，若不能依期平遼，後果堪嗟。袁崇煥知道自己說得託大，一會皇帝再出來，袁崇煥於是又奏：「這五年之中，必須事事應手，首先是錢糧不缺。」崇禎立即諭知戶部着力措辦。袁崇煥又請器械須精利，崇禎即諭工部今後解去關遼的器械，必須鑄明工匠的姓名，腐毀者可以追究查辦。

袁崇煥又奏：「五年之中，變化很大。必須吏部與兵部與臣充分合作。臣一出京城，一定有忌功妒能的人，盼不會大發議論，擾亂臣的方略。」崇禎站起身來，說自有主張，並賜他尚方寶劍，可先斬後奏。談完大事後，賜袁崇煥酒饌。及後袁崇煥上了一道奏章，提出處理遼事戰略。崇禎接到這道奏章，再賜他蟒袍、玉帶與銀幣。袁崇煥領了銀幣，辭謝蟒袍玉帶。崇禎這次召見袁崇煥，對他言聽計從，信任之專，恩遇之隆，實是罕見。

但袁崇煥還沒有到任，寧遠已發生兵變。兵變因欠軍餉四個月，袁崇煥八月初到達後，平復了兵變。但仍無餉銀發來，十月袁崇煥再三上疏請餉，崇禎認為動輒兵變催餉，如何得了？袁見軍餉久久不至，知國庫無錢，於是請求發內帑。內帑是皇帝的私己錢，崇禎知道他打自己主意很生氣，哪知百官都請皇上發內帑濟事。崇禎說：「將兵者能待部屬如家人父子，兵卒自不敢叛、不忍叛。」認為袁對士兵恩威不夠，忘記兵員鼓噪起因朝廷欠餉。翌年，袁崇煥以尚方寶劍殺驕將毛文龍，崇禎內心對他不滿且懼。

尚方寶劍　誅殺毛文龍

毛文龍駐兵在鴨綠江口皮島，為特設軍區總兵，曾主動出擊女真，牽制努爾哈赤的軍隊。因努爾哈赤沒有水師，對他也奈何不得。日久毛文龍腐化狂妄，不接受朝廷監察核數、濫殺難民冒功、侵吞軍糧、還賄賂朝中魏忠賢閹黨。袁崇煥的職責，要管制皮島，決心解決毛文龍的問題。

六月初一，毛文龍率領將士會見袁，與袁互相交拜。袁崇煥和他商議軍國大事，密談到三更。袁崇煥要求皮島設文官監軍，糧餉由寧遠轉發，改編部隊。兩人連談三日三夜，毛文龍始終不同意，談判破裂。袁崇煥勸他辭職養老，毛文龍說對遼東事務倚賴他，解決滿洲後，可順勢襲取朝鮮了。袁崇煥聽後通宵部署，要殺毛文龍。

初四，袁崇煥犒賞毛部兵將三千餘人，又將帶來的十萬兩餉銀交卸。同時劃分兩人職權。毛文龍收到大筆銀子，對指揮權的區劃又十分滿意，減少提防警惕。初五臨別，袁崇煥邀毛文龍一起檢閱將士比賽射箭。相見後，袁崇煥說毛身當國家重任，受他一拜作別。說着下拜，毛文龍下跪還禮。此時袁的親信將毛部兵丁都隔在圈外。

袁崇煥隨即提出幾件事責問毛文龍，毛文龍抗辯。袁崇煥斥責他，命人除下他衣冠，綁了起來。毛文龍的態度倔強，自稱無罪有功。袁崇煥厲聲喝罵毛十二大罪。毛文龍聽後魂不附體，只有叩頭求饒。

袁崇煥最後請出尚方寶劍，命手下將毛文龍在帳前斬決，並宣佈只誅毛文龍一人，其餘各人一律無罪。毛文龍麾下將士無一敢動。次日袁崇煥祭奠毛：「昨日斬你，是為了朝廷大法。今日祭你，是為了僚友私情。」回寧遠後袁崇煥立即向崇禎請罪，崇禎得訊，大吃一驚，只有下旨公佈毛文龍的罪狀，以安袁崇煥之心。

袁崇煥毅然殺毛，出於他剛強果敢性格。想他身為統帥，熟稔兵法「將在外，君命有所不受」的金科玉律，兼之當時寧遠各處軍營都曾發生兵變，如不整飭軍紀，根本不能打仗。想來他認為毛死有餘辜，亦頗有拿尚方寶劍立威之意。

袁軍兩日兩夜急馳　保衛皇城

同年十月，皇太極率兵繞道攻陷遵化，兵臨北京城下。袁崇煥知局面嚴重，火速兩日兩夜急行軍三百餘里，趕在皇太極頭早到北京兩天，駐軍於北京廣渠門外。袁崇煥以士馬疲勞，要求入城憩息補給。但崇禎心中疑忌，不許他的軍隊入城。要他們在在城外隨即野戰。

二十日，兩軍在廣渠門外大戰，惡鬥僵持，不分勝負。打到傍晚，皇太極終於不支敗退。袁崇煥十萬火急來援北京，只帶五千騎兵作先頭部隊，來後又到騎兵四千，廣渠門這場大戰，以寡敵眾，是以九千兵當十餘萬大軍，勝得僥倖。但崇禎十分急躁、不住地催他出戰驅敵。袁崇煥說要等步兵俱到才進攻，崇禎便懷疑起來。

及後崇禎召見袁崇煥，傳諭相議軍餉。北京城門禁閉，全城戒嚴。只用繩子吊一個筐子下來，把勤王袁大帥吊到到城上。袁崇煥到了平台，崇禎立即下令逮捕他，原來商議軍餉是騙他的藉口。先此宦官楊春、王成德自皇太極營逃脫，被拘時無意聽得袁手下與皇太極對話，知袁通敵叛國，忙報崇禎（日後清室檔案記錄此反間計）。崇禎見到袁崇煥，即質問為何擅殺毛文龍，袁崇煥一時語塞。崇禎當即把袁崇煥下錦衣衛獄。

勤王主帥階下囚　位極人臣難善終

崇禎三年（一六三〇）袁崇煥以通虜謀叛、擅主和議、專戮大帥等十大罪狀的罪名判凌遲，妻妾兄弟流放。袁崇煥被綁上刑場，百姓在旁圍觀叫罵，出錢買他的肉，因為北京城的百姓認定，女真兵是他故意引來的，罪大惡極。

崇禎在位十七年，換了五十個大學士（相當於宰相），十四個兵部尚書都難得善終。王洽下獄死，張鳳翼、梁廷棟服毒，楊嗣昌自縊，陳新甲被斬首，還有革職下獄的。此外，他殺死或逼得自殺的督師及總督十一人，殺死逼死巡撫、廷上大臣被殺不下廿人。

崇禎動不動殺大臣，看來是興之所至，全不作一回事。崇禎如此嗜殺，是不是暴君？直到亡國自殺前，他把亡國咎歸於「士大夫誤國家」，「文臣個個皆可殺」。他沒有反思何以自己都用可殺的大臣？何以專挑可殺的大臣做下屬？。

第廿八章　崇禎的性格與心魔

崇禎的心魔是罔顧良心道義，要以帝王之極權，永遠事事對自己有利。對人要求嚴苛，不合心意便是別人錯，動輒枉殺大臣洩恨。

袁崇煥在出征前寫下律詩《邊中送別》，道出內心：

五載離家別路悠，送君寒浸寶刀頭。欲知肺腑同生死，何用安危問去留。策杖只因圖雪恥，橫戈原不為封侯。故園親侶如相問，愧我邊塵尚未收。

可惜袁崇煥壯志未酬被殺，崇禎說他引女真兵入關，說不通。天下人都看到他兩日兩夜不眠不休趕來勤王衞國，於城外血戰竟日打退皇太極，引兵入關又從何說起？有說太監密報偷聽得他派人與皇太極密約，此一面之詞，何不細審而匆匆行殘忍可怖之磔刑？結論是，崇禎一定要袁崇煥速速就死。

崇禎心狠手辣　出自性格

有人說袁崇煥輕言五年平遼，是死罪原因。亦說不通，因為五年之約還未到，只有三年便殺袁。有說因袁殺毛文龍，但殺毛之尚方寶劍是他自願嘉言賞賜的，只能怨自己賜劍輕率。何況事後看來，袁殺不殺毛文龍崇禎都一定要他死。袁崇煥之枉死，要從崇禎性格的弱點談起，當日崇禎進宮，晚上怕魏忠賢對之不利，拿了衞士利劍傍身，何等無知愚蠢？須知魏忠賢若加害你，手持利劍可免於難嗎？袁崇煥殺毛文龍，雖然不快，但自己發出公文誇獎他的，承認他做得對，後來當面責問，豈非自掌咀巴？九五之尊說話可隨時反悔？袁崇煥自遼東連夜趕到北京救駕，竟然要一軍主帥自城牆垂吊入城，何等心虛？令他光明正大上殿，便沒有能力制服他了？何等懦怯無知？一切一切，只有說明崇禎好作小聰明，智商甚低。

袁崇煥之死，亦有其可悲之時代背景。明朝滅亡前二三十年，社會是魑魅魍魎的世界，縱有忠良，多屈死蒙冤。此時奸宄橫行，公卿巨貪。帝主顢頇胡塗，人民餓無得食，造反變成天理。崇禎處死袁崇煥，以為解決一切。豈知難題才開始一一出現，在在表露崇禎脆弱、殘忍、苛刻、不負責任，事事諉過他人的卑劣性格。崇禎的心魔是罔顧良心道義，要以帝王之極權，事事永遠有利。對人要求嚴苛，不合心意便是別人錯，動輒枉殺大臣洩恨。

從不擔當　處處是臣下之錯

崇禎臣下文人孫傳庭是知兵之人，當年追剿李自成起家。後來崇禎因故把他投獄三年。李自成捲土重來，崇禎再用他，問要多少人馬，孫傳庭要求五千。孫甫脱獄再到陣前，方知對方氣勢今非昔比，要求增兵。崇禎說你說過要五千人，便用五千人剿匪好了。孫傳庭兵力不足，最後奮戰死在亂軍中，崇禎卻認為他作戰不力，在戰地逃亡失蹤，當作其未死，不肯作為國犧牲封蔭後人。崇禎對領兵者如此涼薄，教人心寒。

崇禎十五年，李自成軍隊勢如野火，明軍節節潰敗。崇禎於是與兵部尚書陳新甲密談與女真議和，抽出兵力撲滅李自成。陳新甲祕密進行和談，不料下屬無意中洩露消息，滿朝嘩然，陳尚書只好拿出證據説乃皇上同意。誰知崇禎難以下台，不願在眾臣面前示弱，翻臉不認，把陳新甲拖出菜市口斬了。此事朝臣知道真相，自始對崇禎再不敢表示意見，只有唯唯諾諾。崇禎不是暴君嗎？

李自成農民軍愈來愈勢不可擋，崇禎想遷都暫避其鋒，但不好由自己提出，便私下對首輔陳演說，由他翌日在朝上提出遷都南京，再由皇帝批准便是了。第二天朝會，崇禎問陳演闖賊勢大，有何對策。誰知陳演竟硬着頭皮說抗賊到底，氣得崇禎哇哇大叫。陳演恐怕由自己提出遷都，他日罪名便落到自己頭上。崇禎逼不得已說出南遷之意，眾大臣都默然不敢答，恐怕他日要擔當罪名。

大臣李邦華見京城勢危，提出不如由太子南下，崇禎仍鎮守京都，萬一不幸，皇家尚有血脈可傳。誰料崇禎聽了，勃然大怒，認為朝臣意欲在南京擁立新主，依然榮華富貴，而自己獨坐北京應付闖賊。大臣一看風頭不對，齊齊改口表示放棄南遷之議。崇禎如此處事，是不是昏君？

淒涼冷落金鑾殿　何堪生在帝王家

南遷之議不了了之，此時李自成已兵臨城下，沒有馬上攻城，而是派投降太監杜勛代表自己與崇禎談判，要求賜银一百萬兩，在西北封地為王。此時此地，這樣的條件對身處城下之盟的崇禎實在最為優裕，甚而可增强對付女真的力量。但崇禎不想親口同意「順賊」，想由大臣提出贊成，自己才「順應」臣意，便問這時的首輔魏藻德。魏藻德表示無意見，他心中大抵想着陳新甲的故事，他日崇禎可把與賊講和罪名推到他身上，可能抄家滅族，總是閉口不言。杜勛一走，崇禎氣得把魏推倒地上。

農民軍愈逼愈緊，這時只有吳三桂的軍隊可用，但把吳三桂調進關對付李自成，即是放棄山海關以外土地，崇禎不想擔上丟失疆土的罪名，便徵詢臣下意見，盼有人提出，但無人表示意見。崇禎找來吳三桂父親吳襄幫忙，吳襄説要有軍餉百萬兩方可調動吳軍。崇禎知道戶部和民間再無錢可徵，於是要宗室大臣分擔，列出配額，誰知個個喊窮沒錢，首輔拿出一百兩，另一大臣索性把家當擺在家門叫賣捐資。崇禎啊崇禎，你何其愚蠢？若此時大臣拿出巨款來，豈非承認平日巨貪，日後又不知受到怎樣的折磨了！

據《明季北略》載：李自成進京後，打開國庫，被嚇呆了。「鎮庫金積年不用者白銀三千七百萬兩」，還有黃金珠寶。原來崇禎有這麼多私房錢。平日極節儉，在國難當頭前，也不肯用，卻號召他人「慷慨解囊」。眾王公大臣也沒有好日子，李自成寵將劉宗敏嚴刑拷打眾巨公大臣，手段殘忍，估計掠得白銀七千萬兩。

一六四四年三月十八日晚，農民軍攻陷北京。崇禎叫周皇后自縊，流淚揮刀砍長平公主臂肩，含淚道：「汝奈何生我家？」再刺死年僅六歲的昭仁公主。凌晨，農民軍殺進北京城。崇禎與太監出奔東華門，被亂箭射回。拂曉重返皇宮，崇禎在上殿鳴鐘召集百官，無一人前來。最後逃到景山樹上自縊。身亡前於袍服上大書：「朕自登基十七年，雖朕薄德匪躬，上干天怒，然皆諸臣誤朕……自去冠冕，以髮覆臉。任賊分裂朕屍，勿傷百姓一人。」

後人見此袍，都說崇禎是愛民的好皇帝。

風水傳聞　不知真假

筆者前兩年無意中讀到一則筆記，說崇禎狠殺袁崇煥，與風水有關。

原來崇禎極迷信風水，當向袁授以軍權後，即派人到袁崇煥家鄉看其祖墳，看袁是否命中堪當大任。是時袁如紅日中天，風水師回報袁祖墳風水極佳，有龍盤鳳踞之氣勢，極之罕貴。崇禎聽了心中不悅，及後知道袁崇煥有詩句「橫戈原不為封侯」，崇禎卻想，原來不只想封侯，大概想當當皇帝了。再想，不好！自己帝號崇禎，他卻叫崇煥，崇煥！崇換！他要來換我的皇朝了，早殺早着，速殺之哉！

以上是野史傳聞，讀者信不信？筆者從崇禎性格推斷，極相信了！

第十篇

太平天國驟興驟亡

第廿九章　太平天國苦難崛起

清末政治腐敗，民不聊生。而下層生活更困苦，被逼鋌而走險，落草為寇者大不乏人。洪秀全跑到廣西紫荊山傳道，得馮雲山之助，積聚信眾，惹得官府注意鎮壓。其時廣西貧瘠，民多為盜，壯大時官兵方圍剿殘殺，洪秀全團夥抗清，最初不過但求自保。

外國學者愛視太平天國為中國的內戰，而發生的時間和美國南北戰爭也差不多。當太平天國崩潰的時候，大批戰敗的遊兵四散逃亡，有遠逃至澳洲甚而世界各地。據説澳洲宣稱為「白色澳洲」，不歡迎有色人種始自當時，至廿世紀六七十年代方稍為寬懈。

太平天國與香港

太平天國挑起的戰事不在香港，但香港和太平天國的關係也不小。據説太平軍被清廷追剿，不少人逃亡到香港，聞説有六七千精壯餘勇湧至，當時港府大為周張，結果劃出西營盤一帶安置他們。西營盤左右規劃有東邊街、正街、西邊街。上下有第一街、第二街、第三街、第四街（高街），其規劃之方整，全港島無出其右。其中干王洪仁玕乃洪秀全族弟，曾流落香港，學得英語及西方知識，曾為洪秀全器重，後為清廷所殺。此外，中國第一個武裝民主革命推翻滿清政府的組織興中會，成員中不少便是這批與滿清有血海深仇的太平天國餘勇。興中會第三號人物謝贊泰，其父謝日昌傳聞是太平大國平南王黃德滋部將，從少訓示其子以推翻滿清為任。

而今觀之，太平天國可説是時代產物。清末政治腐敗，外強欺侮，苛捐雜稅，民不聊生。而下層生活更困苦，被逼鋌而走險，落草為寇者大不乏人。洪秀全是個失意文人，一八四三年再應考落第。回鄉途中接觸基督教宣傳教義「勸世良言」，不久大病後自稱病中得天父啟示傳教。洪秀全原隨美國牧師羅孝全學新約聖經，自己也寫了「拜上帝教詩文」。但羅拒絕為他洗禮。後洪自封為上帝次子，自行與伍敬芳互相洗禮。

太平天國苦難崛起

洪秀全在鄉里傳教並不成功，幾年後跑到廣西紫荊山傳道，得馮雲山之助，積聚信眾。一八四七年十一月，信徒達二萬人，兩年後廣西饑荒，群眾鋌而走險者更多，人民入教依附成風，惹得官府注意鎮壓。夥眾同仇敵愾，祕密製造武器，籌措抗清造反。其時廣西貧瘠，民多為盜，自組幫派欺凌弱小為生。壯大時官兵方圍剿殘殺，若逃生不及，不分男女老幼俱成刀下亡魂。洪秀全團夥抗清，最初不過自保。

一八五一年一月，洪秀全三十八歲生日當天，於金田村起義，號太平天國。三月稱天王，九月攻佔永安，定朝綱，封將領，聲勢浩大。一八五三年克武漢三鎮，軍隊暴增至五十萬，清廷震動。隨之佔領南京，改稱天京。一八五六年破清軍江南大營，清廷驚惶失措。太平天國五年間擁有半壁河山，氣勢滔天，天下震動。

太平天國迅速成功

當時社會形勢，民眾都產生抗暴心理。清末政治腐敗，連年災荒，人民生活困苦，官府只能欺壓良民，對聚而成盜的幫眾，跟本無力剿滅。人民只求自保，各各組成小股力量，先是指望逃避壓迫，後來共同希望打倒清政府。當時洪秀全以宗教為思想核心，宣傳天國美好，感動入心；頒發《天朝田畝制度》，提出廢除封建土地制度，予人渴望美好前景。於是人們紛紛投向太平軍。最初追隨者多為農民、礦工被感召入夥，後來勢大，有人被裹脅入夥，亦有人乘機為謀取功名富貴加入，聲勢瞬即壯大。

而崛起之時太平軍被清兵追殺，並無退路，他們都為自己生命而戰。清軍綠營兵腐化日久，不堪一擊，甚至有沿途搶掠民眾。故戰陣一接觸，清軍即潰散。此外，太平軍中出現眾多天才將領，如楊秀清、石達開、韋昌輝、李秀成、陳玉成等。當時太平軍將士用命，軍紀嚴明。對居民秋毫無犯。軍士有功即賞，由普通士兵升職成將軍者大不乏人。故戰鬥時個個奮勇爭先。時代與環境如此，太平軍旗幟飄揚，便如野火燎原，一發不可收拾。

太平天國瞬間敗亡

太平天國定都南京後，改名天京。其敗亡之速，令後人咋舌。當時太平天國氣勢極盛，惟領導層生活迅即腐化，入京後諸王再無親身領兵鬥爭，而是驕奢淫逸，盡享人間榮華富貴之樂。對佔領區的經營管治，無一是處。對擁有的天下，未有絲毫為黎民百姓着想，而是顢頇霸道，大賊分贓式地把治區當作戰利品。當日頒佈的《天朝田畝制度》成為空談，並無一天實行。

隨之是領導層的內訌，仇殺刻酷，盡顯江湖大盜本質。太平天國諸王中南王馮雲山和西王蕭朝貴早期戰死，未能親履南京。能入京者，東王楊秀清最驕橫，獨攬大權，氣燄直逼天王洪秀全。兩人立心險惡，各懷鬼胎。後來北王韋昌輝殺楊秀清，洪秀全隨之計殺韋昌輝。石達開回京坐鎮又被天王懷疑，黯然轉戰至四川，後為將士生路向清廷自首，被凌遲處死。後期軍隊將領忠王李秀成頗有將才，亦不獲洪秀全信任，最後湘軍圍城多月，被擒被殺。一八六四年七月，洪秀全病逝城破。結束自一八五一年一月開始之動亂，歷時十四年，擾動超過十八省。有人估計期間塗炭生靈逾三千萬。人間哀號，烽火燃遍半個神州大地。

第三十章 太平天國自取滅亡

洪秀全自命天王，大封東南西北王。東王楊秀清權勢已明顯凌駕眾王，不把天王放在眼內。京中權貴得勢後競逐奢華，修王府，選美人，辦儀仗。及後洪秀全知楊有奪位之意，即起殺機，使人密函命韋昌輝回來殺楊秀清，韋索性圍城搜捕楊秀清餘黨，天天圈鎖嫌疑分子，屠殺匝月不止。此時洪秀全發覺韋昌輝頗有逼宮之意，遂計殺韋昌輝。

筆者初中時讀到太平天國，甚感興趣。見論者大讚有之，譴責者有之，都甚為極端。八十年代到內地旅行，與大學畢業生領隊談及，亦說國內仍未有定論。但起義對抗滿清，肯定有建樹。後來多讀史料，卻有不同看法。在滿清腐敗，民不聊生當下，太平天國崛起，無疑是一道救世曙光，況且帶來能安慰民眾心靈的信仰，故其興也速。但其亡也驟，想不到的是自取滅亡。而為禍之大，殃民之甚，為歷史上刻下「紅羊之禍」的印記。紅，指洪秀全。羊，指楊秀清。而事起丁未年。未屬羊，丁為火，亦合紅羊之義，貼切之極。

天國潰敗前因

太平天國自取滅亡，其實潛因早具。早期洪秀全傳教，得馮雲山之助，頗見收效。馮雲山頗有才學，有組織才能，故團夥滋長後即為清廷注意，將之扣禁入獄。時洪秀全身在家鄉廣東花縣，急急趕回營救。當時廣西人心迷惘，大有一哄而起之勢。天國前身群眾多是礦工鄉愚，見識不廣又迷信，於是楊秀清作法，扮鬼神上身示意鼓勵。他索性扮天父上身，着群眾團結，不要怕清兵，必有好日子過。此法果然有效，團結群眾。後來洪秀全到來，救出馮雲山，也默許楊秀清間中如此裝神弄鬼，加強群眾內聚力。

到稱號太平天國抗清後，洪秀全自命天王，大封東南西北王。東王楊秀清權勢已明確表示淩駕眾王。後來馮雲山戰死，東王少了馮的制衡和平行勢力，更自尊自大，不把天王放在眼內。一次楊秀清到天王府，見到兩個絕色宮婢，強奪到東王府服侍自己。洪秀全不敢反對，眼巴巴望着美人投入別人懷抱。

楊秀清有一個法寶令洪秀全不得不就範，便是要欺壓洪秀全時，在議事公開場合扮演天父上身，裝神弄鬼喃喃自語，斥責洪秀全，命令洪聽命於自己。楊秀清曾扮天父上身責備洪秀全，說他做錯事，要當眾廷杖打屁股。朝廷眾人大驚失色，紛紛代為求情或代為受罰。楊秀清就是不許。眾口哀求很久，「天父」才收回成命，免洪廷杖之辱。此後洪秀全懼怕楊秀清。及後，楊秀清又藉「天父」之口，要洪秀全封其子為「千歲」、「萬歲」。洪知楊有奪位之意，即起殺機。

京城內血腥屠殺

北王韋昌輝本與東王同封並列，而其人悍勇，立下戰功不少。但楊秀清為突出權勢，曾令韋昌輝徒步傍着自己轎子窗邊走，轎子快韋要走得快，轎子慢韋要走很慢，楊打開轎窗問話，韋要立即答，地位如小廝。韋昌輝平時極盡巴結奉承楊，其實心裏恨透楊秀清。洪秀全既立意殺楊秀清，遂使人密函在南京附近駐兵的韋昌輝回來勤王。韋昌輝於是帶了二千精兵，星夜趕回南京，直闖東王府。楊秀清聞變走出大廳與韋昌輝臉對，韋一言不發，當胸就是一刀劈下。史書稱楊秀清未及哼出一聲，「刃從背出」，當場身亡。於是韋軍大開殺戒，殺盡東王府家眷軍僕二三千人。

天王知道消息後再與韋商量，認為京城內楊秀清黨徒眾多，若起來反撲復仇，韋軍二千兵馬不能抵擋，又心生一計。翌日，洪秀全宣佈韋昌輝私怨行兇，刺殺楊秀清及東王府眾人，已被天王擒獲。將於天王府內拷打示眾，着令東王部屬可以到天王府觀看行刑。東王餘部對韋昌輝咬牙切齒，三四千人屆時齊集天王府觀刑。因士眾不能攜帶武器入天王府，只得留下兵器在門外，齊齊等待看行刑。時辰一到，天王府士卒立即關鎖大門，刀斧交加，殺盡府中東王部屬，天王府立時變了鮮血四濺的修羅場。

韋昌輝殺得性起，斬草除根，索性圍城搜捕楊秀清餘黨，天天圈鎖嫌疑分子赴刑場行刑，屠殺匝月不止。有人曾送水到東王府，也被當作楊黨殘殺。翼王石達開趕到南京，勸止韋昌輝不要濫殺，言語不合，韋起殺心。韋昌輝離去後，石達開連夜縋繩逃出京城。韋知得石逃走，即殺石達開全部家眷。當時石達開兵力最盛，誓要回師復仇。此時洪秀全發覺韋昌輝頗有逼宮為王之意，遂計殺韋昌輝，為內訌屠城劃上句號，東王北王之亂，二萬餘當日起兵患難之交竟然互相砍殺，人性泯滅。經內訌後，頹勢已見，太平軍的士氣和兵力大打折扣了。

天國權貴　驕奢淫逸

太平天國打進南京後，立即腐化，洪秀全進城第二個月便建天王府，在原兩江總督府上擴建，極盡豪華。史書記有「雕鏤工麗，飾以黃金，繪以五彩」。府中各物多以黃金製造，其豪華精麗，有專章詳記。天王服飾金冠重八斤，金項鏈亦重八斤。金龍袍綴以金鈕。乘金車，稱聖龍車，用美女手牽而走，其鄙俗可見。太平天國最初宣傳男女平等，但女性在太平天國比昔日封建社會更受壓制。金田起義不久洪秀全即擁妻妾十五人。入京後定妃后八十八人，比古代三宮六院七十二人為多。他不信任男子，在王宮圍繞他辦事和服侍他的有六七千個女子，因為他仿學清廷設置太監，但閹割技術不行，無一成功，閹死幾十個家貧賣身少年。所以全王宮都是女子，男子只有他一人。洪秀全訂了個奇怪規矩，沒有他准許，女人只能目視天王肩胸以下，不准見他臉目，否則拷打。許多宮女連天王的樣貌也不知道。

得勢後京中權貴競逐奢華，所有受封為王者以洪姓家族為多，一概立即修王府，選美人，辦儀仗。出門前呼後擁，盈街塞巷。楊秀清出門排場更敲鑼打鼓，威風凜凜，途人側目，不在話下，比諸專制清朝王公有過之無不及。忠王李秀成轄地富庶，忠王府建得瓊樓玉宇，亭園花木，無一不精。外國賓客曾記下：「筷、叉、匙均以銀製。刀子英國製，酒杯銀質鑲金。」忠王有一真金王冠，冠身薄金片，鏤成虎形。兩旁各有小禽一隻，當中鳳凰屹立冠頂。上下鑲以珠寶，重約三磅。李秀成兵敗逃亡休息時，解下身上珠寶囊露出身分，被敗兵捉到清營領功。天國諸王入京可以如此奢華，皆因自佔領武漢後，攻掠一地則盡收該地財寶，搬入「聖庫」，將人民男女分地而居，再搜刮屋中財物。

第三十一章　大賊分贓的政權

太平天國崛起擁有權力之時，領導層奢侈荒淫，賤視民生，政府組織荒謬可笑。洪秀首先是打倒文教，苛虐讀書文人，焚燒四書五經，藏者斬。太平天國禁止祭祖，打倒儒家文化。定都南京後，凡太平軍入城，即沒收人民財產，全歸聖庫。各地民脂民膏全入天國權貴中，平民則比清廷治下更窮更困苦。

清朝政府無能腐敗，太平天國崛起，大多數人民都視之為救星。尤其是最初軍紀嚴明，對市民秋毫無犯。清軍望風而遁，人民紛紛加入，所以如狂餤燒遍大地。但後來作風改變，佔據一城，則將該城財富盡量搜刮，充公將之放入「聖庫」。這樣許多當地富戶感到憂慮，於是結合力量武裝自衛。

曾國藩對付洪秀全

當時清廷派曾國藩對付太平天國，但並沒有錢發糧餉。曾國藩組織湘軍，由地方富人出資作餉，抗拒財產被太平軍掠奪。而其武力最初不過是地方團練式組織，有如緝盜維持治安的警察，不屬於軍隊組織，所以衣服胸口有一個鮮明的「勇」字。湘軍顧名思義是湖南人，多是曾國藩的親戚、鄉里、學生。曾國藩是罕有的文人軍事天才，他以地緣和血緣關係組織軍隊。所謂血緣是軍中士卒將官皆為兄弟父子，地緣是軍中夥伴都是同鄉同村的鄉里。這樣軍隊中同聲同氣，上陣厮殺時更合作緊密，互相關照救護。此外，湘軍軍餉往往高於家僕十倍以上，故鄉人樂於從軍盡忠職守。

曾國藩練兵實幹，這時太平軍面對的敵人再不是腐敗的綠營兵，而是保衛家園的湘軍。不久，太平軍再不是常勝軍，變成互有勝負的局面。後來太平天國內訌，石達開帶了一批軍士離開天京到四川自行轉戰，太平軍優勢不再。忠王在南京被洪秀全懷疑掣肘，便帶六十萬軍隊攻打上海圖創新局面。此時曾國藩手下李鴻章另建淮軍被派保衛上海。淮軍初組在上海首次與李秀成軍接戰，據說李鴻章親自在戰場後方督師，李的愛將在前線敗陣即逃回後方向李鴻章報告。李大怒之下要親自手刃這位將領，嚇得他立即再跑回戰場再戰，結果以少勝多，李秀成敗走，從此奠定淮軍地位。

相傳淮軍建立地位後，李鴻章即與曾國藩不和。曾國藩使胞弟曾國荃破滅太平天國，洪秀全身死數年後曾國藩隨之逝世，曾國藩死前解散湘軍，民間則相傳上天差遣曾國藩收拾洪秀全。而曾與李鴻章不和乃事先約定，無使清廷滿人猜忌此兩掌兵漢人聯手謀反，至禍及其身。

政權強搶民資　盡毀文教

太平天國崛起，其實只顯出破壞力強，面對腐朽，破壞力更強而已。當其擁有權力之時，且不談領導層的絕世奢侈荒淫，賤視民生，其組織政府，推行政策之荒謬可笑，幾乎亦是歷代之冠。所謂馬上得天下，不能馬上治天下，二千多年前已有明訓。洪秀全一朝得登大寶，首先是打倒文教，苛虐讀書文人，焚燒四書五經，藏者斬。文人淪為供諸王斥喝書寫之奴，無人敢獻管治之計。

太平天國禁止祭祖，打倒儒家文化，自行創作基督教教義，強逼軍民主日崇拜。對天主教舊教神父亦苛斥逼壓，視為異端。西方外國教徒曾與洪對話，洪告之為上帝次子，曾見天父，天父蓄棕色鬍子。故西方基督教視之為異端，拒絕與之合作。李秀成攻打上海租界時，西方軍隊與淮軍聯成一線，攻擊太平軍，使之大敗，實有此遠因。

定都南京後，凡太平軍入城，即沒收人民財產，只餘可供糊口之用。宣言「天下農民穀米，商賈資本，皆天父所有，全應解歸聖庫」。又說「天下人人不受私，物物歸上主」。而如何處置「聖庫」財寶，全無規則律法，全由當地軍事頭領說了便是，可隨意挪用。各地民脂民膏全入天國權貴中，平民則比清朝治下更窮更困苦。

破壞人倫　禁慾縱慾

太平天國制度破壞家庭組織，破壞人倫關係，小民沒有家庭生活。先指定男女分營而居，夫妻、母子、父女均男女分隔，不能共住一起。男女見面要有距離，有第三者在旁監視，犯者無赦。太平天國管治下，只有獲封王者才可以男女相聚，有家庭生活。諸王及新貴則三妻四妾，淫慾奢侈，而要求轄下人民絕對禁慾。如發現男女同住，或女子懷孕，必斬首示眾，一般女性更無法接受正常男子的憐愛。

佔領一地後，即甄選美女十餘分配予天王及諸王為妾，原先起義時提倡「平等社會」，頒下新政藍圖「資政新篇」、「天朝田畝制度」全成空談，階級更森嚴。天國內統治者與被統治者天淵之別，對內常用酷刑，小民從無申辯機會。刑罰亦非常簡單，多斬首了事，免卻繁瑣程序審問。當諸王外出時，所有官民都必須迴避或跪在道路兩旁高呼「萬歲」或「千歲」，倘若有繼續步行者則斬無赦，一些高官也因此受到懲罰。

太平天國起義時標榜的道德規範，嚴明的紀律，美麗的建國藍圖，在攫取政權後把一切置諸腦後。領導層立即暴露大賊分贓的本性，充分流露人性醜惡的一面。新政權下只有強權而沒有道德真理，人民既不敢怒，也不敢言，只有嗟歎，只有隨命運的擺佈，苦不堪言。這種現象不單手無寸鐵的人民如此，後期連普遍的軍士也暗中表示不滿，認為多年拚死忘生的戰鬥，即使佔領天京十年，還是沒有家庭，怨氣終於洩露出來。所以太平天國將崩潰之時，洪秀全為收買人心，一次過封二千多人為王。這種歷史怪現象許多人不明原因，原來只是城中多了二千家庭而已。

其實，十餘年的太平天國，當中還有可歌可泣的傳奇人物，便是可稱人傑的翼王石達開了。

第三十二章　英雄人傑石達開

石達開是唯一重視民生的將領，到安徽後，進行戶口登記，委任基層官吏，招攬人才，建立地方行政體系。他重視軍紀，賑濟貧困，慰問疾苦，使士農工商各安其業。石達開軍在大渡河被圍，缺糧陷於絕境。最後石達開決定犧牲自己救三軍，議和向清軍投降保全三軍性命。但清軍背信棄義，活捉石達開。

太平天國雖然說是時代要求下產物，領導層諸王大都私心狂妄，但其中也有善良之輩，尤其是基層群眾，其實都是受騙者、受害者。太平天國前期與後期表現更大相逕庭，故不能一筆抹煞，把太平天國中人視為惡魔。石達開及其部屬中不少正義之士，只是生於巨禍滔天可歌可泣的悲壯大時代而俯仰無奈。

石達開戰無不勝　重創清軍

石達開生於道光十一年（一八三一年），廣西貴縣人，本是較富裕農民，幼讀詩書，九歲喪父，家境中落。靠務農運炭度日，結識許多礦工。石達開少年時已顯露出眾才華，十六歲加入拜上帝會，其人富文韜武略，懂兵法，做事有法度。因英名在外，得四鄰敬仰，洪秀全、馮雲山聞其名親身造訪相邀加入太平軍。石達開終於十九歲時率四千人加入參加金田村起義，二十歲時被封為翼王。

一八五二年，西王蕭朝貴在長沙戰死，太平軍陷入清軍包圍，石達開率部西渡湘江，紓解太平軍之厄。又連敗清軍多次，重挫清軍士氣，隨之奪岳陽，佔武漢，下金陵，二十八天挺進一千八百里，戰無不勝，攻無不克，清軍擋者披靡，石達開得諢號「石敢當」。

一八五三年三月，太平天國定都南京，易名天京，諸王相競享樂，廣選美女，佔國庫財富，但石達開潔身自愛，從不參與。一八五四年夏秋，太平軍在西戰場節節敗退，失地千里。在湘軍直逼九江時，石達開再當主帥，翌年初在湖口、九江兩次大敗湘軍，打得湘軍水師落花流水，潰不成軍。逼得曾藩國投水自盡，後被部下救起。這是二十四歲的石達開第一次與四十四歲的曾國藩交手。同年秋天，石達開又揮軍江西，四個月連下七府四十七縣。一八五六年三月，石達開在江西樟樹再大敗湘軍，把在南昌城的曾國藩四面圍困，正當破城在即時被召回京參戰，石破江南大營而上，戰功彪炳，清軍聞石達開喪膽。

愛民如子　命運悲壯

石達開是唯一重視民生的將領，太平天國諸王根本不懂管治，行政一片混亂，石達開到安徽後，進行戶口登記，選任基層官吏，招攬人才。建立起省、郡、縣三級地方行政體系，使太平天國真正具備國家規模；他重視軍紀，賑濟貧困，慰問疾苦，使士農工商各安其業。並制定稅法，徵收稅賦。由於他部隊紀律嚴明，施政務實，愛護百姓，人民爭相擁戴，許多中立分子轉而支持太平軍，隊伍很快從一萬多人增至十萬餘眾。

南京諸王互相仇殺，石達開率部回京後，功高震主，遭洪秀全猜忌，最後只得領兵轉戰四川。石達開改變策略，不佔城池，轉戰流走各地。此時太平軍與湘軍氣勢此消彼長，太平天國領導層倒施逆行，而清兵卻越戰越勇。一八六三年四月石達開軍在大渡河被圍，缺糧陷於絕境。最後石達開決定犧牲自己救三軍，議和向清軍投降保全三軍性命。結果遣散其中四千人，二千兵馬護主到清營。但清軍背信棄義，活捉石達開，差不多殺盡隨人。最後石達開遭淩遲千刀處死，斯時全場觀者默默無聲，悽慟垂淚。石達開就義時不過三十二歲英年，其悲壯命運，恍如污濁的太平天國上空掠過燦爛耀眼的流星。

石達開亦以詩聞於世，本文錄載其中一首《入川題壁》，以見文采。

大盜亦有道，詩書所不屑。黃金若糞土，肝膽硬如鐵。
策馬渡懸崖，彎弓射胡月。人頭作酒杯，飲盡仇讎血。

太平天國日暮西山

自石達開領兵出走，天京半數兵力隨之入四川後，洪秀全王朝政事更落在洪氏諸王手中，此輩弄權而不懂處事，人心渙散，麻木度日。一八六一年末曾國藩奪取周邊重鎮安慶，積極準備進軍天京。太平軍安慶失守，悍將陳玉成遭革職處分，士無鬥志，由於下屬叛變，陳玉成被出賣被殺，太平軍西線形勢瞬即潰散。

一八六二年初，李秀成發兵進攻上海，想改變敵我形勢，結果最後失敗，又被洪秀全召喚回師守天京。天京被曾國荃領兵在外圍重重圍困，卻不立即攻打，城內漸漸出現糧荒。李秀成百籌莫展，最後決定派發盤川予婦孺逃出城外，減輕糧食負擔。誰料守城洪家部屬乘機勒索，李秀成聞之大怒，親往斥責。

天京城內糧荒嚴重，洪秀全竟說可靠上帝降下之「瑪拿」作食糧，其實叫人吃野草代糧。一八六四年洪秀全終因缺乏營養餓死，三月後城破，其遺體被發現只以白布裹屍埋在皇宮附近地下。曾國荃下令挫骨揚灰，用砲向天空發射骨灰，洪秀全骨灰無存。破城日湘軍則滅絕人性大屠城，搶掠姦淫，無所不為，軍士多如獸兵，所以大局平定後清廷即解散大部分湘軍。後期京城方圓土地人民慘況，外國作家史景遷著作描述甚詳。

太平天國對近代影響

太平天國的出現，原因可說簡單亦可說複雜，雖說由政治腐敗引起，但其中包括漢滿民族仇恨，也備受東西方文化思想的衝擊。

紅羊之禍對近世影響亦不小，最明顯的是削弱清廷統治根基，因滿人無力應付，漢人得以掌軍權，地方政府亦准募兵。其次形成海關制度與租界自主。太平天國動亂，上海清吏逃遁，於是上海宣佈中立，外人居住地區行政由各國領事共管，租界從此確立。上海動亂，英美法三國組成稅務管理組織，後清廷乾脆聘外國人管理海關。太平天國早期倡導男女平等，土地公有，財富平均的觀念，開始植入人心。雖然結果辦不到，但影響時代思潮極深。太平天國動亂播下反清種子，結束滿清皇朝，更廢除千年以上帝制。

千秋論功過

對於太平天國出現歌頌與鞭撻兩極的評價，筆者認為各有因由。早期的評價多因史料不全，認為其推翻暴政，勇於犧牲及反抗暴政足為後世典範。此等史料多着眼於前期，只輕輕帶過後期史跡，沒有着眼其管治與民生。其次因事隔不過兩三代，有人與太平天國有家族血緣地緣關係，只聽得父祖輩論述而有所偏頗。而後者則多着眼後期為禍之烈，諸王人性泯滅，民生之慘酷而譴責，輕視最初救民於水火之功。筆者則認為應以事論事，當譽則譽，當責則責，如此態度讀史，歷史方足為後世鑑。

第十一篇

洪承疇難評忠奸功過

第三十三章　洪承疇是否計滅滿清

有人曾提出：名著《紅樓夢》寫於清代，也是說清代的故事，為什麼電影和電視劇中總是明代的裝束呢？一時間無人懂得。原來，這是因為洪承疇決定的緣故。

明末清軍如狂風掃落葉，定鼎京師，靠的是吳三桂等降將。其實他們不過是馬前卒，貢獻不及背後獻謀策劃訂下建國方略者，此人正是洪承疇。

洪承疇（一五九三—一六六五）是明末清初的大漢奸，也是建立清朝的大功臣。幾百年來已成定論，但很少人留意到滿清的覆滅，早在洪承疇的計算中。他享盡兩朝的功名富貴，但半生孤獨，為周遭親朋戚友鄙棄，他傾吐無門，內心苦悶鬱鬱而終。

幼年聰穎　鄰里知名

洪承疇，福建泉州人。幼年家教已涉及詩書。有這樣的傳聞：洪承疇聰明睿智聞於鄰里，卻要幫補家計，賣豆腐乾，閒中還能替師塾學生的小友解答老師洪啟胤的難題。

相傳老師知道後，特意見見這位天才兒童。出了一道上聯考他。老師指着書桌上的墨硯說：「硯台長長，能賦詩文百篇。」洪承疇眼前是豆腐乾，應道：「豆腐方方，猶似玉印一章。」洪老師聽後，引為奇才，跑去見洪承疇的母親，說願意收他為徒，免費教導。

自始洪承疇跟隨老師，傾力向學。博覽《史記》《三國志》《資治通鑑》《孫子兵法》等書籍。尤其對政治軍事卷軸，更愛不釋手。洪啟胤見他年紀輕輕，專愛讀治國平天下的書，知道他志氣不凡，一定有龍躍在淵的一日，甚為高興。洪承疇十五六歲時，寫的文章氣勢磅礡，忍不住對他下了「家駒千里，國石萬鈞」的評語，譽之為國家棟樑，顯揚家聲的人物。洪承疇跟隨老師讀了幾年書，再到大城市泉州求學，二十三歲時赴省參加鄉試，中舉人，萬曆四十四年中進士，是個典型讀書文人。

戰功彪炳　國家棟樑

明末政治腐敗，民不聊生，逼得流寇四起。朝廷急於剿滅，但成效不大。洪承參政後負責鎮壓流民。他治軍有術，指揮有方，素以精明幹練、智略過人著稱，又不辭鞍馬勞頓，親臨前線，督率部下圍剿擊垮多股流寇。在他督促指揮下，明軍獲得潼關大捷。斬高迎祥及其部下五萬餘眾，又數次擊潰巨寇張獻忠、李自成。在官兵巨大壓力下，張獻忠詐降，李自成率十數騎逃竄大山藏匿。此時明末流寇火燄被壓下去，難成氣候。這時文人洪承疇想不到變了軍事奇才，而官運亦步步高升，先後任巡撫、總督，領太子太保、兵部尚書銜，總督河南、山西、陝西、湖廣、四川五省軍務。斯時洪承疇聲名大噪，成為國家棟樑。

後來民間真的無以為食，流寇再起。一六三八年孫承宗敗亡，盧象升戰死，北京城戒嚴。朝廷無善戰之將，急忙將洪承疇調來北京。一六三九年洪承疇被任命為薊遼總督，防衛京城，遂率領陝西巡撫孫傳庭麾下數萬陝軍，與山海關總兵馬科，寧遠統帥吳三桂兩鎮合兵，監視清軍動向，逼使清軍主力退回關外。

兵敗被俘　困守危城

一六四一年初，朝廷為解遼東危局，意欲速戰。特命宣府、大同、密雲、薊州、玉田、山海關、寧遠會合陝西兵馬，八鎮總兵率十三萬人馬盡歸洪承疇節制，共伐東北大患女真皇太極。此時，皇太極正集結重兵圍困錦州。錦州總兵，原是袁崇煥部下的祖大壽，力戰不支，向朝廷告急。

洪承疇聞警急領八鎮精兵支援錦州。豈知崇禎急不可耐，想早得勝利解除危機，與兵部尚書陳新甲連連催促洪承疇主動出擊。這時監軍更發揮領導高見與威嚴，屢屢作梗。恰遇上糧草被清軍所劫，軍心動搖。各將領見形勢不利，大同總兵最先率部乘夜逃走，馬科、吳三桂也率本鎮人馬奔逃，造成軍心散渙，兵敗如山倒。十餘萬精銳人馬在女真兵的追擊下，潰不成軍。洪承疇只得領萬餘殘兵困守松山。

此時明軍無糧無餉，更無外援。洪承疇被困在孤城內長達半年。明軍缺乏衣食軍械，彈藥亦難以為繼，已呈坐以待斃之勢。及後，叛將引清軍來攻，裏應外合。總督洪承疇、巡撫丘民仰被俘，總兵被亂兵所殺。松山淪陷後，鎮守錦州大將祖大壽力竭，亦被迫獻城投降。

彈盡糧絕　失節投降

洪承疇是大明重臣，在當時極有名氣，皇太極亦早早招攬不少明臣叛變幫助他打天下，此番俘虜得洪承疇，更務求洪歸順。皇太極命滿漢大臣輪番勸說，要洪承疇歸降女真，可惜軟硬兼施，洪不為所動，一口拒絕。女真將領怒極，曾當場拔刀威脅要殺他，洪承疇臉無懼色，引頸就戮。

史載，洪承疇被關在大廟時，赤腳散髮，不吃不喝，整日怒罵不休。洪承疇絕食數日，以實際行動拒絕歸降。皇太極如此低聲下氣招降，除了認為洪是難得人才之外，也出於利用洪承疇的威望與號召力拉攏中原人心，以圖大業。

但不久事情卻有戲劇性的發展，相傳降臣范文程勸降時，突然屋樑有灰塵簌簌落下，沾污洪承疇之衣，洪即着意揩拭。范文程回報皇太極，說洪承疇對衣飾亦如此珍惜，豈不會珍惜生命？

皇太極知道洪未必想死，於是向部下提出，如能令洪承疇投降者有重賞。不久，皇太極親會洪，見他衣衫單薄，解下身上貂裘披在他身上，洪承疇當時極為感動，凝視皇太極一會，說：「真天下英主也。」於是叩拜投誠。

降清之說　千古疑案

但民間歷久傳說不衰，更精彩旖旎，是皇太極群妃之一的艷姬莊妃主動提出勸降。傳說莊妃、即後來的孝莊皇太后，當時貌美傾城，艷壓群芳。在洪承疇走投無路之時，對洪溫香軟語，細析當前天下大勢，獻身勸降。之後，洪承疇在美人之前低頭，改變捨身為國捐軀初衷，歸附皇太極。是否如此，已成幾百年來疑案。

其實孝莊皇太后，絕非徒有美色這樣簡單。她有使男士不能抗拒的魔力，能令權傾一時的皇太極繼承者多爾袞對自己言聽計從，能令自已親兒順治承大統，成清朝定鼎之君，打下清室近三百年基業。莊妃個人之得失成就，堪另章專述。

第三十四章　洪承疇十降十不降

洪承疇被莊妃色誘投降，民間歷來傳之鑿鑿，但許多疑點被認為無可能。先是正史並無所載，只道洪乃被皇太極禮賢下士感召而降。另說即使洪承疇好色，難道從未見過美女乎？豈因一異族女子而失節？又有說莊妃說蒙語滿語，如何向說漢語的洪承疇溝通勸降？最有力的說法是一族之主的皇太極，如何甘心獻出自己的妃嬪？

綜合反對莊妃勸降的說法，筆者更相信確有莊妃勸降這一回事。

莊妃委身勸降　是真是假

首先，正史不載至為正確，此等皇家床笫之事何能見諸正史？而柔媚少艾與中年壯漢共處，又一定需要語言溝通方明來意乎？再者皇太極何許人也？欲稱霸天下之霸主也！此等人物以一婦人與天下相比，孰輕孰重，不說自明。況且，皇太極女伴盈庭，而當時女真尚處遊牧民族原始胡風時代，男女苟合，事屬尋常，不似漢俗重視婦女貞節如性命之甚。且莊妃勸降成功後，被升格為皇后，可見其中蛛絲馬跡。

其實，洪承疇自負經世雄才，可以出將入相。今為同袍所累被俘被殺，實心有不甘。故降清主要原因非莊妃獻身，而是深思熟慮後認為投降可以再展抱負。兼且兵敗被俘，即使逃回明朝，面對刻薄寡恩，喜怒無常的崇禎帝，會有什麼好事呢？大將袁崇煥，拼死悍戰，落得淩遲下場。而朝例戰敗將帥的妻兒，即使不被誅殺，也一一被貶為奴，終身受苦。崇禎枉殺文臣武將之酷烈，尤教天下武將心寒。故後來清兵南下掃蕩神州時，抵抗的多是民間組織，官員大多不抵抗，寧戰戰驚驚迎新主。今洪承疇見美人委身相勸，正好順水推舟歸降，臥擁嬌嬈。而自古英雄皆好色，是真名士亦風流，落個好色罵名，總比貪生怕死的罵名好，投降！

獻策十降十不降　緩和漢滿衝突

洪承疇既投降女真，便替皇太極出謀獻計。他向清廷提出給漢人「十降十不降」的建議，被全部接納。內容如下：

一、男降女不降：男子要易服，剃頭梳辮子；女子可以仍作明代打扮，穿明代服飾。
二、生降死不降：生前要穿滿人衣裝，死後則可用明朝衣冠殮葬。
三、陽降陰不降：陰喪如超度法事，可照漢人道佛儀式，不從旗人習俗。日常生活依清廷律法。
四、官降吏不降：官員須頂戴花翎，穿朝珠官服，但低級的役吏可作明朝的打扮。
五、老降少不降：孩子年少無知，不必守清律衣飾禁忌。一旦成年，則須按旗人規矩。
六、儒降釋道不降：出家人不變衣飾，仍穿明朝通行裝束。

七、娼降優伶不降：娼妓要穿清廷要求服飾，伶人在戲台上演出則可穿明朝衣冠。

八、仕宦降婚姻不降：官吏按清朝典制，婚姻禮儀保持漢人舊俗。

九、國號從官號不從：國號由明改成清，但官員名號沿用明代名稱，如總督巡撫等。

十、役稅從文字語言不從：差役稅捐，全依滿清制度。但文字語言，仍用漢語漢字。

從上文可見，保留許多漢人社會的習俗，這樣便緩和漢滿兩族官民的衝突。此舉既可保存漢人傳統文化一點元氣，而又能令征服者接受及保存顏面。對社會上漢人而言，避免無端殺戮凌辱，更是功德。此中亦可解釋為什麼主演《紅樓夢》的演員身穿明服了。

出謀獻策　穩定民生

一六四四年，洪承疇隨多爾袞入關，獻策：「宜先佈號令，示此行特掃亂逆，不屠人民，不焚廬舍，不掠財物。其開門歸降者，及為內應立大功者，破格封賞。」這對野蠻戰勝者、愛瘋狂殺戮的八旗兵起了節制作用。洪承疇出力維繫社會秩序，減輕戰敗者的痛苦。洪隨軍入京，京中人方知洪承疇未死，降清了。

洪承疇在平定中原過程中，發揮巨大的作用。他坐鎮南京，採取剿、撫並用的手段，對好些高級將領勸降，從而縮短了戰爭時日，減少生靈塗炭。洪承疇文才武略兼備，獻計甚多，建議清廷沿用明朝的典章制度，建議統治集團習漢文，曉漢語；要滿人了解漢人禮俗，淡化滿漢之間的差異，為完善清朝的國家統治系統奠基，對安定社稷大有功勞。清初鼎定大局後民生繁榮富庶，與明亡前幾十年民生苛逼苦難，無可比擬。

其實他的最重要建議，筆者認為是主張歷代帝主苦學儒家文化。這為清初開國者（極可能是當權的情人孝莊皇太后）徹實接納。有紀錄載清皇室人員被督促學習之勤苦，與明代宗室有天淵之別。

清代帝王貴族苦學　藝文出眾

滿清歷代皇帝和貴族都非常漢化，他們的漢學造詣非常高，不少甚至達到學士水平。如康熙除為英明大帝外，學養才識逾常，且是數學家和當時的科學家。乾隆寫詩逾萬首。大學士納蘭明珠的兒子納蘭性德之《納蘭詞》，水平超過前明所有的詞人。直到清朝末代皇孫，也不乏出眾的書法家和畫家。成親王的掛聯大字，更為筆者激賞。清代出現康乾盛世，很難說不和洪承疇沾上關係。

本文好像只顧為降臣說話，但回顧明朝末年，自萬曆為帝三十年不上朝，社稷早已腐爛，民生苦頓叫天不聞。兼之後來崇禎為君無能無恥，枉殺眾多臣下，說話又不擔當。群臣早已離心盼得明主，明朝並非亡於女真八旗兵之鐵騎，實亡於崇禎之手。假使崇禎是明君，洪承疇的生命一定不同。

洪承疇為滿清戮力，自然不乏功名爵賞。但他的親友故舊，都鄙視其人屈節降清，拒與為善。他只好活在悶葫蘆，鬱鬱孤獨餘生。究竟洪是讀書人，對失節有愧於心，只好盡量做一些有益世道的事。後人評之為明朝漢奸，清朝功臣，也真中肯中的。

清朝皇室依洪承疇計策治國，漢滿相融，到了乾隆時代民間漢滿界限已模糊。到現代已很難找到純正滿人。洪承疇投降滿清，是不是心中早有計劃消滅滿族呢？

第十二篇

大是大非袁世凱

第三十五章　袁世凱幹練　恩怨分明

清廷命吳長慶帶六營兵馬平亂，吳即囑袁急辦行軍前準備。袁世凱三天便辦妥五六天事務，令他刮目相看。清軍抵朝鮮後，袁世凱則自告奮勇帶着二百青壯軍士作先鋒，殺入漢城皇宮，平息內亂。清軍兵驕將墮，紀律不嚴。袁世凱為正軍紀，親自帶隊日夜巡視，遇犯軍紀者立即就地正法。

袁世凱生於一八五九年，屬羊，河南項城人。袁氏為當地官宦大族，叔祖袁甲三進士出身，與捻軍作戰有功。父袁保中把幼子袁世凱過繼給沒有子嗣的弟弟袁保慶。袁世凱自幼聰明伶俐，頑皮搗蛋。又因生母為妾，在家族備受輕視。袁嗣母出於書香門第，親自教導他，袁亦得其歡心。袁世凱不及十歲，一次作文竟然寫出「以殺止殺，殺殺人者，殺即止矣」。一句之中五個殺字，令老師驚慄相看。

備受族人輕視　辦事精練能幹

袁世凱十五歲時袁保慶病逝，叔叔袁保恆帶他到北京，找學問之士教他讀書。但袁世凱討厭八股文，愛讀韜略兵法。後來參加府試，被知府吳重熹取錄為前十名，可是到了院試便落第。其後袁氏發跡，保舉吳做到河南巡撫，這是後話。袁保恆後來轉任刑部侍郎，讓袁世凱在官場練歷，便叫便幫忙處理一些文書，應酬事務，袁世凱倒辦得整整有條。

一八七九年，袁世凱再參加考試，又名落孫山，一怒之下，決心與科舉考試決絕，把以往的文章都付諸一炬，袁此舉更為族人輕視。因為袁氏此時已分家，這年年底他向岳父借小麥過年，被岳父一口拒絕。想進京謀事，盤川不足，向舅舅借錢，反被嘲諷。後來袁世凱做了直隸總督，舅舅向他謀事，袁只給他路費回家，絕不提攜他，就此可見袁世凱恩怨分明的性格。

袁世凱二十二歲，在京謀事不成，輾轉到山東投靠義父吳長慶。吳當時是二品浙江提督，辦理海防及軍務，收留袁世凱後便叫他幫忙打點，這時候他顯出辦事才幹。一次假期兵士聚賭糾眾打架造成騷動，袁世凱趕到，問明原由，把幾個鬧事的槍斃，平息動亂。事後他向吳報告請治擅殺之罪，吳倒說他處理得好。

軍法為重　絕不容情

當時朝鮮發生內亂，親華黨與親日黨相傾軋。清廷命吳長慶帶六營兵馬平亂。因事出突然，戎馬倥偬，吳即囑袁急辦行軍前準備。袁世凱三天便辦妥五六天事務，令吳刮目相看，便命他隨軍到朝鮮。清軍抵朝鮮後，吳長慶準備連夜登陸，奪取先機，直取漢城。但資深淮軍軍官藉口暈船，要天亮才願行。袁世凱則自告奮勇帶着二百青壯軍士作先鋒，殺入漢城皇宮。結果將引起動亂又親日的大院君誘捕押回天津，平息內亂。

清軍駐朝鮮，軍士多是戰勝太平天國的淮軍，是子弟兵，不免兵驕將墮，紀律不嚴。到了朝鮮，強搶強奸偷竊之事時有發生。袁世凱為正軍紀，親自帶隊日夜巡視，遇犯軍紀者立即就地正法。一個淮軍小軍官違紀當誅，吳長慶念其故舊，替下屬求情，免其一死。袁世凱當面承諾了，吳一離去後，立即將犯人正法，以肅軍紀。然後立即向吳請罪認錯，吳見事已如此，只有無可奈何說：「軍法本當如此。」只有囑親舊見到袁世凱要小心，因他不會留情面。觀此，若一介科舉讀書人，何能如此收放？袁世凱自有成功之道。

出使朝鮮　如魚得水

袁世凱除處理軍務外，還代替吳長慶出面與日本、俄國辦理外交事務。朝鮮國王欣賞其才幹，請他訓練朝鮮新軍，袁世凱因而治軍名氣日盛。後來日使發動政變包圍皇宮，劫持朝鮮王，企圖政變，又被袁世凱瞬即率軍敉平。各國公使盼朝鮮脱離中國藩屬不成功，皆痛恨袁世凱。國王不想袁離去，聘任為宮廷護衛，一時袁世凱儼然朝鮮重臣，議事先見袁公，袁世凱得此時機，大展雄才偉略。

袁世凱護朝鮮有功，但更為日本人痛恨。清廷派吳大澂到朝鮮徹查甲申事變真相，但吳沒有國書，遭朝鮮王拒見，日使井上對之亦不理睬，吳只有向袁求援。袁世凱於是向他說出事變前因後果，並拿出有關文牘給他看，又引見給國王，吳大澂極感激袁。

事變中朝鮮重臣多人被殺，袁用軍餉厚恤其家屬。清廷老臣認為與日爭端由袁惹起而彈劾他，甚有說袁販賣煙土，貪污腐敗，在朝鮮妄自尊大。這時朝中苛責袁世凱，實出於妒才忌才私心，而日本侵略朝鮮野心及侵華火燄已燃，竟然舉國不察。

袁見朝廷派人查真相，認為疑己，頗為不忿。而向李鴻章報銷軍費，李又不准。不久日人及逆黨中人以袁礙事，欲暗殺袁世凱。袁黯然灰心之餘，藉母重病提出回國。朝鮮百姓得訊後，在路上豎木牌求袁莫去，袁只得繞道回國。吳大澂見民情如此，對袁世凱大為改觀。吳大澂回去後在眾人面前嘉許袁世凱，李鴻章接見他，相談之下，亦認為奇才，是在朝鮮獨當一面之人選。

李鴻章慧眼識荊　吐氣揚眉

當日朝鮮形勢複雜，今日道來再簡單不過。起因是皇室權鬥，愛誅殺異己。先是父（大院君）

和子（國王）爭權，加上政治野心勃勃的閔妃涉政弄權，亦有保守黨與開明一派角力，各自拉上中日勢力相抗。此外，日本早對朝鮮有侵佔野心，而朝鮮內臣中有人亟求擺脫中國藩屬地位，抗拒中國。西方列強則欲朝鮮不再附清，清廷對策是求穩怕亂，外交事務以和為貴。在此形勢下，袁世凱欲以一人之力對抗時代洪流，境況可知。

及後駐朝鮮專使陳樹棠因病請辭，李鴻章再派袁世凱到朝鮮，認為他「才識英敏，力持大局」。袁世凱這時二十六歲，可謂少年得志，吐氣揚眉了。袁世凱在朝鮮十年，最重要的任務是維護中國宗主權地位，時朝廷或有攻擊袁者，都被李鴻章化解。當時俄國對朝鮮亦虎視眈眈，英國為其自身利益，極力拉攏袁世凱防俄，袁亦不負朝廷所望，此時期清廷勢力因袁世凱之努力在朝鮮根深蒂固。

第三十六章　雄才機詐集於一身

袁世凱在朝鮮曾替國王練兵，便借了一筆錢財，打通各大臣關節。帝師翁同龢、慈禧心腹榮祿同舉薦他辦新軍，甚而李蓮英也在慈禧面前美言，於是袁得以督練新軍。袁世凱還有一種本領，對軍官、幕僚都能叫出名字。當發軍餉之時，還親自監督。小站的新軍，全情投入，朝氣勃勃。

袁世凱本官宦之家，但他的出身明顯沒有大幫助，反而在失意求助親友時受到恥辱與奚落。袁世凱之所以成功，全仗本身過人的機靈本領。他投考功名失敗，但機敏過人，辦事爽快利落，察察為明。早期決斷英敏，處事認真而又識辨輕重，在朝鮮表現，更是當時朝中第一幹才。後來在官場打滾多了，更懂一流逢迎之道，不過立心變了，最終成國民罪人，這是後話。

伊藤品題　升價百倍

當時中日交戰而慘敗，朝中許多大臣認為是袁世凱惹來的禍。袁含冤莫白，深深不忿，於是把朝鮮的困局寫成小冊子，遍傳京中大臣親友。內容尚包括當時李鴻章多次拒絕增兵而使日本勢力坐大，淮軍之軍紀如何敗壞，軍官之如何無能，為自己鳴冤。並且建議籌組新軍，以改頹勢。

甲午中日啟戰之先，袁世凱鎮朝鮮時極盼能增兵鎮壓野心日張的日本駐軍，但是和李鴻章意見相左，已造成兩人嫌隙。之後袁公開訴說李鴻章不肯增兵，李當有所聞，對袁當有微詞。及至甲午北洋艦隊全軍覆沒，李鴻章威望掃地，被朝廷逼作代表，簽署喪權辱國的《馬關條約》。全國視李鴻章為出賣國家的罪人，他只有隱居北京賢良寺，過着孤單寂寞的鬱結生活。

甲午戰爭過後，日相伊藤博文與李鴻章對話，突然問到袁世凱的下落。李說袁正擔任小差事，伊藤喟歎說：「這樣的人才只能任小差事，無怪中國沒人才了。」豈料這番話輾轉被報章刊出，使袁世凱一時聲名大噪，李鴻章真始料不及。袁世凱名氣既盛，光緒着吏部引見。袁當臉向光緒痛陳舊軍不可依賴，力說西法練兵的重要，光緒叫他到督辦軍務處報到。

要練新軍　百般心機鑽營

當時官僚衙門腐化，難有作為，到軍務處走一趟也是白走。袁窮困到忽然想到做買辦，因國家戰後原有軍備敗盡，可替國家向西方買軍器而從中賺一大筆。但這要幾萬兩銀做保證金，袁世凱張羅不到，遭受冷眼，好夢又成空。袁世凱一計不成，一計又生，因他在朝鮮曾替國王練兵，軍機大臣李鴻藻又向來欣賞他，便向人借了一筆錢財，打通各大臣關節。帝師翁同龢、慈禧心腹榮祿同舉薦由他辦新軍，連地方大員劉坤一、張之洞也贊成，甚而李蓮英也在慈禧面前美言，於是袁世凱順利督練新軍了。

袁世凱能成為獨當一面的練兵大員，其實也費盡心機，四處奔走，並非理所當然的天降大任。袁世凱知道單憑自己一時名氣不易得國家委以重任，想到該有理論立言服人，要寫一部兵書。於是找來一個幕客，叫他把外國各種兵書抄錄，再加上清廷中公文規條、朝廷軍士守則、營規，彙集成冊。後藉故打發走這個幕僚，再找一個文人，把先前抄錄的兵書作原稿，叫文人修繕，寫上自己名字，當成是自己著作的西法兵書。

兵書寫好了，想交到當時得寵的榮祿手中，卻苦無門路。適時想到託妹夫之父、淮軍將領劉銘傳替他寫推薦信，乃卑躬屈節到劉家，不料受到劉子奚落，認為他妙想天開。袁世凱最後得到劉銘傳推薦信後，下拜為禮，劉子臉現不屑之色，也不還禮。後來袁做了大總統，劉子想見袁一面而不得。

與李鴻章恩怨　另投靠山

袁世凱帶了書信和十二卷兵書見榮祿，百般輸誠，自謙稱門生。幸好榮祿對袁名聲早有耳聞，袁世凱便轉投到榮祿門下。後人有責怪袁視李鴻章敗而棄，全不念舊，其實事出有因。最初，新兵負責人是胡燏棻，練的軍隊稱定武軍，袁初期練兵只屬班首，這事罕有人道及。袁世凱曾到賢良寺探望李鴻章，說起練兵之事。李鴻章說：「呸！你這個小子怎懂得練兵？什麼大戰陣你也沒有上過，我練了幾十年兵，也沒有什麼自信。你僱幾個洋人，揹幾輪槍，便是西式軍隊了？」一番話說得袁世凱臉紅耳熱，再不敢找李中堂了。

袁世凱在天津東郊小站練兵。該處原稱新農鎮，開始時新軍只有七千人。首先，袁世凱到北京翰林院請故友徐世昌輔助，任參謀營總辦。當時重文輕武，徐翰林肯就任有點委屈。袁又聘早年結識的阮忠樞為文案。他再訪已離休的淮軍宿將擔任軍隊幹部。袁也不忽略滿人貴族，請天津武備學堂總辦滿人蔭昌推薦軍中骨幹。當然還有外國教官。袁世凱的新軍確有所成，後來新軍領導層出現三傑，均可獨當一面。王國珍是龍，胸懷磊落，志趣高潔；段祺瑞是虎，不怒而威；馮國璋是犬，與人隨和，人樂與相交。

新軍被譏　袁世凱更上層樓

當時新軍募兵，比其他地方募兵堪稱嚴格：年齡只在二十至二十五歲，體能強健，有犯罪記錄者不收，抽鴉片者不收，還要有家庭真實地址，要有鄰居作保。至於軍紀亦極嚴格，擅取民間民物，強奸民女者斬，逃亡者斬，聚眾毆鬥為首者斬。這與當時收錄的游兵散勇為軍士，馬虎充數大大不同。袁世凱還有一種本領，初期營內的軍官幕僚，軍中的頭目，他都認識其人，都能叫出他的名字。當發軍餉之時，袁世凱還親自監督發餉，一洗當時兵士糧餉被上級剋扣的時弊，所以小站的新軍，全情投入，朝氣勃勃。

袁世凱的新軍由戶部撥款營運，和後來張之洞劉坤一練的新軍由地方自行籌餉不同，有先天性優越條件。新軍令人耳目一新，但因淘汰了一批武備學堂學生和舊日統領，流言四出，備受舊派軍人攻擊和懷疑。朝廷亦散出妒言，恐其變成袁世凱私人軍隊。御史便提出一些莫須有罪名參劾袁，使他一度心灰意冷。

朝廷派榮祿到小站查核，榮祿見到新軍兵強馬壯，軍紀肅律，氣象儼然，和昔日兵丁大為不同，私下有意收歸旗下壯大聲勢。於是回去向慈禧美言，使袁世凱仍然在小站練兵，升袁的官為直隸按察使，使之名位與聲望匹配。袁世凱因妒得福，其間袁世凱向榮祿的輸誠巴結得法，不言而喻。練兵成功，全仗袁世凱的雄才機詐與時運。袁世凱小站練兵，從此青雲直上。

第三十七章　一生污點在稱帝

當時局勢逼迫，日本盛氣凌人，中國在極度弱勢下沒有淪為保護國。而袁所簽之約是後來的修訂版本，許多喪權辱國的情況根本沒有出現。誰可以做得比他做得更好呢？袁世凱一生污點是稱帝，若然他沒有這點私心，歸隱引退讓賢，不失為中國之華盛頓，流芳千載。

袁世凱一生多姿多彩，起起伏伏。其人邪中帶正，正中帶邪。今談袁世凱耍盡手段登上民國大總統後，為人詬病的兩件大事。第一件是和日本簽署被視為賣國的《二十一條條約》，依筆者看來，後人據此而鞭笞袁是有點不公的。

歐洲開戰　日本乘勢苛索

第一次世界大戰時，出現兩大集團對壘。德國、奧匈、土耳其結為同盟國。英國、法國、俄國為協約國。稍後，日本、意大利亦加入協約國。戰事初期，中國和美國都保持中立。這時，日本窺準西方列強忙在歐洲開戰，無暇東顧，即大膽展開侵略中國步伐。一九一四年八月，日本告知德國，要求把德國租借地膠州灣交給日本，由日方交還中國，德國不予理會。隨之日本派軍佔領青島，燒殺搶掠。及德國戰敗，日本以協約國勝利者姿態奪取德國在山東所佔一切利益。

一九一五年一月間，中國照會日本，大戰已結束，要求日本撤出在山東的軍隊，日方根本不當作一回事。日本很清楚中國根本無力與之開戰，氣燄囂張之時，竟越過外交部，直接遞交一份《二十一條條約》給袁世凱，對袁盡作恐嚇利誘能事，指明不能向各國公開條約，且要從速簽署作實，並要袁事前保守祕密。條約內容是把中國變為日本的保護國，在中國而言，這是亡國之章。

二十一條條約　中國將淪為殖民地

《二十一條條約》內容包括多方面，粗略簡述：中國沿海港灣、島嶼不准租借及割讓給其他國家，中國要聘用日本人為政治、軍事、財政顧問，警察由日本訓練，小學用日本教師，中日合辦警政，中日合設軍械廠，中國須向日本購買軍械，自東北沿下至福建浙江開商埠、開鐵路、開礦等多處有獨佔權。條文中還有委託日本經營及管理鐵路九十九年，日本居民可自由雜居中國，日本人可以在中國內地開設醫院、寺院、學校，允許日本人擁有土地所有權等等。

袁世凱不是傻子，細讀條文後驚怒交加，在條文上寫上批示，如「握我政權」、「握我警權」、「握我械權」等文字，最後寫上「荒唐！痛恨！」。對日本袁卻裝作若無其事，只淡淡回應日使，說此事交予外交部研究。另一方面，即與下屬研究對策。袁世凱即問徐世昌，若與日本開戰，情況如何？徐說可以支持二十四小時，過後難料。袁又明白知己知彼的重要，即巨款收買日人替他回日本打聽日本的確實的意向。當時袁世凱轉命擅長談判的陸徵祥為外交部長，盡量拖延談判。

日人要求每天談判，陸爭取每週三次，每次開會茶點招待，談了一會即散會。

因為日本向中國的要求太強橫無理，又不許向外國洩露，可見心虧。但袁世凱又不敢得罪日人，後來一件怪事發生了。一天，中國駐美國大使專誠約見美國名記者，記者到了他的辦公室，見大使正忙，忙言告退。但大使說無礙，只是要出外一會辦急事即回，請記者在他的辦公室等一等，說罷匆匆離去。記者卻在辦公室久候，無聊之時，見辦公桌上文件攤開，好奇之下一看，原來至是《二十一條條約》內容，見事態非同小可，忙記下抄下。結果大使許久才回來。第二天，美國新聞界披露了《二十一條條約》內容，舉世嘩然！

政府不亢不卑　化解時代厄運

世界各國既知其事，均譴責日本野心橫蠻，給日本不少壓力。這時，日本線人回報條約只是大隈內閣的意思，而日本憲法規定，只有天皇御前會議才可以發兵，大隈重信內閣無權出兵。袁世凱心中有底，便有應付方法，底線是滿洲以外的要求，全部駁回。

袁世凱讓日本人可在東北雜居，卻訓示下屬，日本人只能畫地為牢，一出居住範圍便遇到危險絕不保障。原則上日人可以租地，但訓示誰敢租地給日本人，作賣國賊論，殺無赦。東北的警局請了幾個警察顧問，顧而不問，只給他們支乾薪，花了點錢財。袁世凱政府終於和本簽訂了條約，在國內惹起軒然大波，蔡鍔當時已提出不惜一戰。後來學生罷課，市民罷市。「簽約」成了袁世凱一生污點之一。

其實當時局勢逼迫，日本盛氣淩人，誰可以做得比袁世凱更好呢？結果中國在極度弱勢下沒有淪為保護國，也避過侵略戰爭，不傷人命。而世人都認為袁所簽之約是最初橫蠻苛刻版本，不知是後來的修訂版本，其中許多喪權辱國的情況根本從來沒有在中國出現。袁世凱其人不正，但要分清是非，不能混淆胡亂深責。大抵袁世凱因為奪去革命成果，革命黨人對袁便手不容情，宣傳上自然對袁極不利。

推翻革命成果　當皇帝成一生污點

袁世凱一生污點是稱帝，若然他沒有這點私心，歸隱引退讓賢，不失為中國之華盛頓，流芳千載。以袁個人之精明，久歷風塵，歷盡阿諛與白眼，享盡人世間榮華富貴，又受盡奚落屈辱，亦曾命懸他人之手，何以這樣戀戀劍懸頭頂之位？

自袁世凱小站練兵，人生得志，以袁高瞻遠矚，得難説他不會找人為他算算命。當時得志，任何算命先生都會説他命中大富大貴。相傳奇怪的一次，算命先生替初生大兒子算命，卻説此子命理極怪，大富大貴之日，也是大哀大傷之時。袁不甚明白，有人向他解説只有太子命方是如此，因帝父駕崩大喪大傷，也是登極為帝富貴之時。袁世凱心中難免有特別感受。

後來袁世凱做了大總統，不免想千秋萬世，早已籠絡社會上文武專才。而這個時候，他開始猜忌防範段祺瑞、馮國璋等小站新兵軍事領袖。要絕對控制權力，便萌生做皇帝之心。適遇長子前赴德國醫治腳患，獲德皇威廉大帝渥待，並説當今世上不合共和政體，若中國君主立憲，德國一定支持。長子袁克定回告父親，袁世凱心中竊喜。

自信金龍托世　做了千古罪人

有説一次小下人不慎打破了古董，十分恐慌，後來有人教他説話。袁世凱知道古董被打破，十分憤怒，小伙子惶惶恐恐説，剛才在外堂打掃的時候，突然看到床上好像躺着一條金龍，心中一驚，便把古董掉在地上了。袁世凱聽後，沉吟一下，說以後做事要小心了。也沒有什麼責備，更相信自己是金龍托世。

其實，袁世凱長子袁克定更希望父親做皇帝，因為可以冷手執個熱煎堆承繼帝位。當時暗殺權要盛行，袁世凱不敢步出家門，為了鞏固袁世凱做皇帝的決心，袁克定找人專印一份報紙，天天只專供袁世凱看，製造假輿論，假民情，天天呼籲袁世凱稱帝。袁每天讀假報紙，假消息，認為天下歸心，終於決定稱帝。次子袁克文，才學之士，寫了兩句詩「絕嶺高處多風雨，莫到瓊樓最上層」表示心跡，勸喻父親不要稱帝，袁世凱無動於衷。

結果袁世凱做了八十三天皇帝，鬱鬱而終。賺得全國聲討唾罵，親友故舊背棄，做了千古罪人。而反對袁世凱稱帝最烈的，想不到是小站練兵的頭領，段祺瑞等人，他們都說：服侍了老子一輩子，還要侍候兒子嗎？

第十三篇

古代域外文化交流

第三十八章　衛聚賢的美洲考古

衛聚賢認為中國人有三次大規模集體移民，上古殷代是第一次。第二次在東漢初年，一部分匈奴與東胡複合，越伯令海峽而至美洲。第三次集體移民為元滅金時，金人逃亡到北美，一部分停居阿拉斯加，為今日愛斯基摩人先祖。衛老又說晉代高僧法顯曾在哥倫布前到美洲，抵達今之墨西哥。

衞聚賢（一八九八——一九九〇），山西萬泉人，古史學家，考古家，博學家。一九二七年畢業於清華國學研究院。歷任暨南大學、台灣輔仁大學等大學教授，南京古物保存所所長。衞氏於一九五〇年寓居香港，任香港大學東方文化研究院研究員，曾於聯合書院、珠海書院、遠東書院等大專執教。後來聯合書院轉為香港中文大學成員，衞因無香港政府承認英屬地方學歷，不獲續約。衞聚賢在港後期頗為拮据潦倒，報章刊出他到政府領取救濟金，七十年代領取救濟金者罕有，一學者竟如此，識者嘩然。台灣當局得悉後把他接回台灣定居。一九七五年他抵台灣，居於新竹。其後際遇，後章再述。

著《中國人發現美洲》回響冷落

衞聚賢一九六九年在香港出版《中國人發現美洲》，引起香港知識青年注意。他認為早在殷商時代紂王派大軍出征山東「人方」，周武王趁京城守軍空虛攻打紂王而得天下。十多萬大軍「亡國」不能歸京城，於是乘船循伯令海峽到美洲，集體移居創新世界。衞聚賢又認為中國人有三次大規模集體移民，殷代是第一次。當年哥倫布初抵美洲，問土人是什麼人，聽之以為是印度人。西方人後來明白非印度人，故改稱「印第安人」。其實今人相信當日土人告之為「殷地人」。

第二次集體移民在東漢初年，竇憲征匈奴，一部分匈奴與東胡複合，越伯令海峽而至美洲。第三次集體移民為元滅金時，金人向北逃亡輾轉再到北美，一部分停居阿拉斯加，為今日愛斯基摩人先祖。衞老又説晉代高僧法顯曾在哥倫布前到美洲，抵今之墨西哥。當時許多人都感衞老有點嘩眾取寵，別有見地而自高聲價。

《中國人發現美洲》一書在港印製行銷，效果欠理想。筆者當年深信中國人早涉美洲，但仍亦認為書目不當。固所謂「發現」，一定帶及後來的重大影響，才稱得上發現。每一塊土地，土著最早落地生根，不能説由土著最早「發現」。即使是小學生，都知道哥倫布發現新大陸，已成定論。説「中國古人最早抵達美洲」，則不會惹起同樣反感。關於衞聚賢説中國人早抵美洲這個主張，原來民國初年歷史界許多人也附和，名學者章太炎亦曾首肯。但衞老亦嘗説墨子和老子是印度人，則許多人認為他「胡説巴道」，但今日一些新證據出現，衞聚賢的許多見解漸漸為不少人接受，證明他是對的。

考古研究　早有成就

衛聚賢在港教大學因學位不足而見棄，令人扼腕，但其卻是有真才實學的人。一九二六年，他投考清華大學國學研究院，受益於梁啟超、陳寅恪、王國維、趙元任等大學問家教澤。一九二七年六月一日，王國維參加衛聚賢等畢業禮後，翌日投湖自盡。王國維生前對衛面提耳授點撥不少，王之殞命，令其痛哭失聲。衛聚賢其實亦深受當時提出「疑古」風氣的顧頡剛影響，具有疑古和求證的精神。他早期論文《左傳研究》和《春秋研究》面世即已聲名大噪。

當時考古界認為江南無新石器，已成公論。但衛聚賢從古籍的研究推翻是論，並親身主持發掘工作，終於在杭州掘得新石器時代石器陶片，證實江南確實存在新石器文化，說明江南於新石器時代已有人類活動。他發掘明故宮遺址，發現「大明通行寶鈔」之印鈔銅版。於成都時在白馬寺發掘出青铜兵器，又開拓巴蜀文化研究。國人對良渚文化及吳越地方考古研究，均因衛聚賢早着先鞭，方便後來者追尋。衛聚賢除博覽古籍外，尚曾與于右任等前赴敦煌多處參加考古工作，身體力行，知行合一。他的著述中，最具影響的是《中國考古學史》《中國考古小史》《十三經概論》《楚辭研究》。

抗日時期　團結文化界

抗日時期，衞聚賢跑到四川，得鄉彥孔祥熙收錄為幕僚，資囊反而豐厚。斯時出版《說文月刊》《巴蜀文化》《西北文化》等專號，還有在自設的「說文社」聚賢樓廣招文賢聚會，使當時在大後方的文化界人士聚首一堂，持續研究工作。當日名士包括郭沫若、周谷城、顧頡剛、胡小石、金靜庵、傅振倫等，誠難能可貴。

衞老做學問功夫，令許多人佩服，但他許多主張，不少人認為怪誕無稽，如說李白曾遊美洲等，都令當時許多學者敬而遠之。因為衞氏立論多悖常說，多遭時人非議，認為左道旁門。據說有學校不准學生發表文章引用衞的學說，否則零分處理。

立論罕見　知音人渺

衛聚賢認為春秋戰國文化受外來文化影響甚深，而《山海經》《墨子》為印度人作，他從其著述寫法與中土文法有異而推論。提出「龍即是鱷魚」，懷疑屈原究竟是否真有其人【注】。旁人見他大有語不驚人死不休之概，這些說法當日確有點驚世駭俗。不過，他不少論點，愈來愈證明正確。

衛聚賢性格倔強，一生多是窮困時刻，飽受磨難，但他秉性研究學習毅力驚人。他有真才實學，對別人評價絕不上心，受人嘲貶不以為然。有人評他「治學和造文章，都不求甚解。寫了就罷，說完便算。信不信由你，對不對在他」說得很傳神。蘇雪林說他讀書極深極博，國內不作第二人想。他對蘇雪林影響極大，使她從散文家變成中亞神話權威。衛聚賢曾在一本書自序上說，閱讀過九百種古籍，來引證自己的說法。筆者看了這句話，頓時掩卷神馳：中國竟然有這樣的人物？

【注】筆者也懷疑屈原署名之作品非屈原一人所作，而是屈原與其門下客之集體創作。

第三十九章　衛聚賢說古代域外文化

衛聚賢研究古代中國人與美洲關係，起自見到《春秋》載「六鷁退飛過宋都」。衛老知道古代能後退飛的鳥只有產於美洲的蜂鳥。鷁，即蜂鳥。衛聚賢再引佛經說天下有四大洲，其實四大洲指四大文明古國。瞻部是「身毒」，指印度；牛賀是「尼羅」轉音；「拘盧」音近崑崙，指巴比倫；「東勝」，是「秦」的合音，乃中國。

衞聚賢巨著《中國人發現美洲》內容有美洲發現的中國文字，發現大量中國特有花紋古物。古代中國人所知道的美洲植物、動物和礦物，古代中國人知道的美洲風俗及地理，亦涉及古人曾到美洲者。估計可寫三百多萬字，分三冊。今只見刊上冊，而中冊下冊至今未見面世。衞聚賢在校後記中說「在香港所作小論文，無處發表，又不甘懶惰，乃找了這個大題目，明知不能出版，但是藉此消磨我的歲月。」

古代中土與美洲關係密切

衞聚賢產生研究古代中國人與美洲關係，起自見到《春秋》載「戊申朔，隕石于宋五。是月，六鷁退飛過宋都」。衞老知道古代能後退飛的鳥只有獨產於美洲的蜂鳥。鷁，即蜂鳥，春秋時蜂鳥何以從美洲走到亞洲呢？研究之下認為商代逃到美洲的殷人後代乘船返中土，欲拜見宋國國君（宋奉殷祀），見不到王而把帶來的貢物蜂鳥放了。宋人見此奇鳥而記下，魯人抄錄而記於《春秋》，衞聚賢因而展開此課題追尋研究。今摘錄該書幾點犖犖大者以饗讀者。

南美祕魯山洞中發掘出銀鑄女神像，頭戴向日葵帽，座下一隻龜若干蛇，左右手各提一牌，牌上鑄着「武當山」三字。由字體判斷是六朝文字。《禮記》有「前朱雀而後玄武，左青龍而右白虎」。玄武是龜蛇合體，是北方神。

美洲發現中國饕餮花紋、雲雷紋。

秦代半兩錢在祕魯出土。

墨西哥出土陶器有「凡」，「亞」，「雨、水、月、日」字。

愛斯基摩人象牙飾物有「五、七、十」中文字。

中國古代鼎、鬲、爵食器飲器均三足鼎立。若仿獸型該是四足，美洲古陶器亦是三足而非四足；古代中國倉廩亦三足，美洲陶器倉廩亦如是，兩者如出一轍。

《南史》說到扶桑（墨西哥）「其地不貴金銀」，梁元帝碑有「銀闕金宮出於瀛洲之下」。《道藏》說「東海扶桑」是「金簡刻書」。古代早知美洲盛產黃金白銀。

衞文指出向日葵、玉蜀黍、馬鈴薯、番薯、番茄、南瓜、落花生等植物原產地是美洲，先後期傳入中國。

衛聚賢更早著述《中國人發現澳洲》

原來衛聚賢著述《中國人發現澳洲》更早，筆者後來無意中購得。該書自序署於一九四九年十二月三十一日於香港。說「從一百六十七種古書中，搜集材料共分三十章敘述」，並謙虛地說憑古書「推斷」。他有了這句說話，便需要後人學者考證其是其非了。

《中國人發現澳洲》中說及上古人的地球大小觀念。最早提出地球大小的是春秋時陰陽家鄒衍，他首先說天下分九大州。陰陽家著述早失，惟《呂氏春秋》與《淮南子》有錄下大九州方位名稱：「東南神州農土、正南次州沃土、西南戎州滔土、正西弇州並土、正中冀州中土、西北台州肥土、正北姊（原字女旁作三點水旁，植字無此字）州成土、東北薄州隱土、正東陽州申土。」《論衡》說「鄒子之書謂天下有九州，非禹貢所謂九州也。禹貢九州，所謂一州也。」即以當時中國地域而論，天下有八十一州。

衛聚賢再引佛經《俱舍論》談古代天下，說梵書以須彌山為中心，天下有四大洲：一是東勝神洲，二為南瞻部洲，三稱西牛賀洲，四是北拘盧洲。衛說印度以喜馬拉雅山為須彌山。四大部洲其實指四大文明古國。四大部洲以須彌山為中心。中國在須彌山東，是東勝神洲。瞻部是「身毒」、「天竺」之轉音，南瞻部洲指印度。西牛賀洲，牛賀是「尼羅」轉音，在須彌山西，指埃及。

北拘盧洲，「拘盧」，音近崑崙，指巴比侖，因其地北於印度。「東勝」，是「秦」的合音。

衞老說印度古詩摩訶婆羅多中已有「支那」一詞，有人以為是「中國」，或「秦」之轉音，其實重音在「那」，「至那」是「夏」之合音。「摩訶」是梵語「大」之意，摩訶支那即大夏。見《大唐西域記》載：「大唐國……印度所謂摩訶至那國是也。」而「赤縣」亦「秦」字合音。「震旦」則指漢，梵書亦有「摩訶震旦」一詞，即大漢。外域古人都把朝代名稱作中國之名。

衞著缺乏學者響應及鑒賞

中國人早知南北極。衞聚賢引古籍所載，指古人已到南北極。《淮南子》載：「南方有不死之草，北方有不釋之冰。」《周髀算經》載有「北極左右，夏有不釋之冰」及「北極之下，不生萬物」。《舊唐書》載：「骨利幹處幹海北……其地北渡海，則晝長夜短。日入烹羊胛，熟，東方已明。」上文說有人到北極圈內，日落天黑煮羊胛，當羊胛煮熟，又已日出了，這正是夏季在北極圈的晝長夜短現象。

衞老說魯國人到過澳洲，以春秋日蝕紀錄為證，因未到過南半球，不能寫下這些紀錄。魯人西元前七二〇年到南洋包括菲律賓。西元前五九一年至五五三年到澳洲。衛聚賢認為古人曾見過澳洲袋鼠，叫大袋鼠為「邛邛巨虛」或「邛邛」，《呂氏春秋》說其貌「鼠前而兔後」，高誘注《淮南子》說：「鼠前，足短；兔後，足長。」《山海經．海外東經》說邛邛「各有兩首」，其實是大袋鼠裝下小袋鼠，見到兩個頭顱便說兩首。衛老認為有海客運袋鼠獻燕王，曾在燕繁殖。屈原《天問》有「何所冬暖？何所夏寒？」此問句其實旨在引出答案，即當時已知世上有南半球之地，寒暖與北半球相反。衛聚賢相信在西元前二九六年有人到過南極及北極，包括非中土人士。

衛聚賢認為齊桓公曾往越南，於魯僖公十年在越南看到「南交」，知「日中無影」。再派人到南極。因當時已知南北極，故製出簡單天文儀器「璇璣玉衡」，故當時成書的《堯典》有「三百有六旬有六日，以閏月定四時成歲」之語，與今一年日數，庶幾近矣。

晚年赴台生活　拮据難堪

衛聚賢的論述何以不能得到主流學者的推崇及鑒賞呢？筆者認為原因是他的見論走得太遠，太前衛。他的學問涉及古籍之廣，包括許多儒家忽略之道教書籍《道藏》、佛教各種佛經及不惹人注目的佛教經典，兼且個人對甲骨文、金文的認識和研究深切。主流學者固然各有所長，但對於衞聚賢研究那門學問，認識不深不廣，當代名家在這方面難有與之並駕齊驅，避而批評月旦衞老是很正常。此乃學者自珍羽毛，無謂多口失言。只好讓衞著藏諸名山，或讓之埋於沙土了。

筆者購入《中國人發現美洲》後，逕自寄了幾百元港元（當時約香港文員月薪）到台灣總經銷輔仁大學出版社再購著述，喜獲衞老親筆回音。兩次通訊，禮貌周周，竟對筆者謙稱弟，一派古道風範。衞老說他移居台灣後，得有關方面指示，到某機構領取微薄救濟金。但翌月再去已領不到，說不發了，一個老人家初到貴境而徬徨無助。展誦來函，不禁使人惻然。他後來到輔仁大學兼課，「每兩週去一次，路上來回近五小時，真疲！」【注】此後失去聯絡，他也沒有寄書給本人。想得悲戚一點，恐怕他連郵費也不便支付，或者，一個老人去郵局身體太勞累，也不方便，時年八十六歲了。到了近年，才知道他高齡謝世。

衞聚賢在書中曾說找過幾個有錢人資助出版（中冊及下冊），結果回覆說曾送書給幾位教授看，他們說：中國人哪有資格發現美洲？便不肯資助出版。他在後記寫下：「我能寫時不寫，是我對不起國家；寫下稿子不能出版，這是國家的損失。」悲哉斯言！

【注】衞聚賢覆信收錄於拙著《現代書信》內。

第四十章　蘇雪林談戰國外來文化

蘇雪林認為在夏商以前，中土曾與域外文化首次接觸。第二次約在公元前三世紀，屈原所處時代，希臘、波斯、西亞、印度等文化大規模傳入中國。有許多外國學者親履中華講學授徒，鼓吹各種學說。蘇雪林認定傳下的《天問》是亂簡，域外風格甚濃，是「域外文化知識的總匯」。

蘇雪林（一八九九—一九九九），筆名綠漪，是民國初年著名的散文家，當時與冰心齊名，被稱為兩位「冰雪女作家」，一時瑜亮。她在北京高等女子師範畢業，後赴法國留學，回國後任蘇州東吳大學、武漢大學等教授。一九四九年到香港，翌年赴法國巴黎研究神話。一九五二年到台灣師範大學、成功大學任教。其著作甚豐，成為研究西亞神話權威，有四冊《屈賦新探》，近二百萬字。

西亞域外學者紛紛來華

一九三八年蘇雪林在武漢大學教授中國文學史，寫有研究戰國時代屈賦的筆記。一九四二年衞聚賢為吳稚輝八十祝壽，向她邀稿出版古史專號，於是她將《天問》筆記加以整理，以便交差。既然打算刊出，她便到圖書館借了《山海經》《淮南子》，及漢代各種緯書來參考。後來發覺屈賦中有許多外來哲學、宗教、神話成分，便再到圖書館借取原版的埃及、巴比侖、亞述、印度的神話來參閱讀，愈讀興趣愈濃。像受到感召一樣樂此不疲，埋首於中外神話和傳說。

一九四三年她開始研究域外文化，最先是「《天問》裏的舊約《創世紀》」。蘇雪林在撰作的

《天問正簡》中自述研究的心得，先說一般人認為中國是文明古國，文化是自己創造出來的，在漢代以前，從未與外域溝通。但她認為在夏商以前，中土便曾與域外高度文化接觸。第二次約在公元前三世紀，即戰國中葉，屈原所處時代，希臘、波斯、印度等文化大規模傳入中國。有許多外國學者和宗教家，親履中華，著書講學授徒，鼓吹各種學說，造成戰國時代文化鼎盛局面。

域外西亞和印度學者何以來華呢？蘇雪林認為與當時西方馬其頓王亞歷山大侵略歐非亞三大洲有關。因中西亞以至印度地區戰事連連，生靈塗炭，難覓淨土，學者遂結伴避亂到東方。而齊國當時國力強大，繁榮富庶，不啻東方樂土，盛名之下吸引大量波斯、希臘、印度學者來華。像鄒衍（又名騶衍）高談海外見聞，言及天下大九州、大瀛海，引得時下中土智士嘖嘖稱奇，便是其中之佼佼者。燕齊方士斯時齊集於鄒魯，實非無因。

戰國時代傳來大量域外文化

許多人認為基督教傳入中國之始為唐代之景教，蘇雪林文章說開封有兩石碑，稱「一賜樂業」碑，一碑說宋代傳入中國，一碑說周時已入中州。多認第二碑不可信。「一賜樂業」今譯以色列，以色列人宗教更似周時傳入，春秋戰國時已為人所知。今日聖經中阿伯拉罕，古稱「阿無羅漢」。而戰國時代人類女祖公認稱女媧，相對即後來聖經所譯之「夏娃」。

其實研究中國上古文化，只讀儒家經書實在不夠，不能忽略道家經典《道藏》，也應多參考佛門經典。而漢代出現一部與經書相對的《緯書》，更不可忽略。漢代《緯書》多域外傳來的寶貴知識，而正統儒家學者都認為是荒誕典籍，不鼓勵後學閱讀。如《緯書》中〈言地動〉載：「地恆動不止而人不知。譬如人在大舟中閉牖而坐，舟行而人不覺也。」《緯書》又說「日有九光」，劉師培說「而隋禁緯書，亦為蔑古」，蘇雪林說若從六經，二十四史中窺探中國文化全貌，實不如逕從《道藏》收獲之豐。《漢書．天文志》所言天文有可與西洋天文相印證者。黃道十二宮，全世界文明古國若合符節，曆法亦大同小異。皆因古巴比侖神話散落全球，許多民族的宗教和神話傳說都受古巴比侖蘇美爾民族傳下的神話系統影響。

《天問》自古難解

楚辭中《天問》素來難明，最初見於《史記．屈原列傳》，二千多年解讀都不順人意。

司馬遷說它「怪迂」，王充《論衡》說他「詭異」、「汪洋無涯，多驚耳之言」。班固曾說《天問》《離騷》那些「宓妃」「佚女」「崑崙」「懸圃」，既不見於中國經傳，則必為異端，大可不必理會。揚雄和劉向說「不能盡悉」。胡適《讀楚辭》反對屈原的存在，他批評說：「《天問》文理不通，見解卑陋，全無文學價值。我們可以肯定，此篇是後人雜湊起來的。」《天問》一篇，因為文理雜亂，典故出處多不見於中國古代歷史。其餘許多學者對天問既不能譽，亦不敢毀。

「天問」一詞頗為怪異，是何因由呢?漢屈賦權威王逸說：其實是問天，但天尊不可問，故不曰問天而曰「天問」。解釋亦極合理。說到內容方面，蘇雪林認為屈原曾使齊數年，聽到鄒衍談論域外天文地理，及一切知識，寫下文章記載之，亦屬平常。要了解它的內容，要從了解西亞的神話和傳說入手。

屈原是個大詩人，大作家，後人全無依據又何能說屈原醉後夢話?對於難名典籍，亦有一批學者好考古求證，憑上下文而推敲，但《天問》連古時學識廣博，見解卓越的劉向和揚雄都不能解，蘇雪林認為是「亂簡」所致。

蘇雪林認為《天問》是亂簡

所謂「亂簡」便是說古人著書，都刻在竹片或木片之上，再用綿繩串聯而成書。若藏書年日久遠，綿繩朽腐斷開，竹片便散亂了。若文意深奧難明，又被不懂文字下人搬到另處收藏，竹簡便會亂雜，內容便錯亂無從再辨了。

蘇雪林既認定傳下的《天問》是亂簡，便決心把它重新排列，要回復原狀。但在她悉心揣摩排列之下，竟然出現有系統的章法和切合和應聲韻。她把自己重新排列內容的《天問》稱為「天問正簡」。

整理後全篇分五段，每段文句各有定數。第一段天文，共四十四句。此段簡索未斷。第二段地理，四十四句，錯簡頗多。第三段神話，錯簡最多，四十四句。第四段歷史，分夏商周三代，七十二句。第五段亂辭，今存二十三句，應失去一句。全篇章法整齊之極。

《天問》不是記敘文，全篇都是問題。但作者用意非向人詢問，而是設問，由問題而引出事態的答案，作者本身已有答案，這屬於寫作上引出答案的一種寫法，亦非中土人士愛用寫法，域外文章風格甚濃。民國三十二年起蘇雪林將《天問》文句重新編排次序，整理前後三十年方定稿。認定《天問》是「域外文化知識的總匯」，

《天問》中所載聖經「創世記」部分

今只談《天問》中創世記部分。此部分僅有二十句八十字，只是粗枝大葉的略述。但仍說及亞當、夏娃、生命樹、守樹天使、魔蛇、洪水、挪亞方舟、巴別塔及亞當子孫的繁衍。有關創世記文字如下：

> 登立為帝，孰道尚之？女媧有體，孰制匠之？□□□□，□□□□？
> 何所不死，長人何守？靡萍九衢，枲華安居？一蛇吞象，厥大何如？
> 鼇戴山抃，何以安之？釋舟陵行，何以遷之？厥萌在初，何所億焉？
> 璜台十成，何所極焉？

蘇雪林解釋，認為登是名詞，是亞當。一賜樂業碑文提及「阿耽」，即阿當。女媧是夏娃。第二句乃問，女媧的身體，是怎樣製造的。意在引出由丈夫身體的肋骨所造的。第三句缺，以意度之，是寫伊甸園及智慧果樹。

何所不死，長人何守？所，指不死樹，即聖經中的生命樹。長人，指天使，古人想象中天使甚高。中國漢代梁武祠有帶翅天神守果樹石刻，蘇認為亦與創世記有關。靡萍九衢，枲華安居？蘇釋：九衢，盤根大樹。枲華，小花。句意是「根盤九衢之樹不為不大，而像枲華的小花開在哪裏呢？下句是能吞象之蛇，大至什麼樣子呢？

（按：難道伊甸園之蛇，大可以吞象？）

鼇戴山抃，何以安之？釋舟陵行，何以遷之？此節述及洪水及挪亞方舟故事。前句似指女媧斷鼇足立四極事，列子有鼇戴五山故事。後句「釋」，有下放之意，說洪水時方舟浮於水面，後下放於高山之間。

厥萌在初，何所億焉？璜台十成，何所極焉？這幾句說及巴別塔子亞當子孫繁衍。璜台，指巴別塔，何所極焉？問這樣高台，其終點將達何處？萌，同民義。厥萌在初，即初民，即最初人類。繁衍億萬，所往何處？萌，亦可指草木萌芽。草木萌發展萬萬，散佈至何處？

中國文化存活世界文化的驕傲

無論蘇雪林的解釋是否令人信受，也不能抹煞她的努力。關於文化外來問題，她有這樣的看法：西亞兩河流域蘇美爾人（古巴比侖人）其一部族渡海到山東建立雛形西亞國家，如古史書所指鳩爽氏、薄姑氏、萊人……等，後被消滅或同化而遺下宗教思想文化，為地方文士傳承，非指蘇美人是我們祖宗。

中國既是最年青古國，接受外來文化有何羞恥？何以有失體面？我們有一種民族自尊心觀念，輕視域外文化。認為堂堂中華上國，夷狄之邦文化豈能與堂堂中華文化相比，須知西亞蘇美爾人、巴比侖，亞述等文化發展比中華早許多，先進文化乃人傳我而非我傳人更合邏輯。

其實中國是世上四大文明古國之一，時間上中國乃四者中之小弟，故承傳上古域外文化亦不足為奇。而中國文化最具價值者、是今日世上唯一源遠流長的活文化，遠非其他三者可比。我們又何必一定要以自創為榮呢？中國文化是活文化，且是一張寶網，不僅貫通了數千年的歷史社會，還將世界幾支幾流派的古文化包羅其中，能不說其偉大嗎？比中國更古遠的文化，乃藉中國文化而得到彰顯，不是更值得中國人驕傲嗎？

代跋　民族興衰的軌跡

楊興安

我們讀歷史，發覺朝代有盛衰興替，必無例外。當目光放遠一點，西洋歷史似乎亦仍無例外。還有一個奇怪的現象，中外皆無異，便是一個高度文化往往被一個低文化的蠻族摧毀，低文化的民族征服高文化似乎成了不易的定律。

高文明被低文化征服

在中國，近世滿清崛起之初，便打敗具深厚文化的明朝漢族，推遠一點，兩宋分別亡於金元，金元的文化也比宋代漢族低。在中國最明顯的例子是晉代五胡亂華，五胡十六國崛起圖雄，逐鹿中原，差點把幾千年歷史的漢族文化徹底消滅。

在西方，輝煌鼎盛的希臘和羅馬便被崛起北方的蠻族蹂躪，使歐洲陷入黑暗時代近千年之久。但不要忘記，羅馬的崛起，始自數百個奴隸，而且全是男性，騙得友邦婦女為妻，再繁衍立國，其艱苦可知，而羅馬成長後，面對的強敵是商業發達，比他們文明先進的迦太基帝國，最後羅馬人把迦太基徹底打跨，將迦太基人收編為奴，將鹽撒在迦太基人的土壤上，使之永遠不能長出農作物，其狠絕可見，之後羅馬帝國才步入輝煌時代。

之前，希臘北邊的馬其頓突然崛起，征服近東古代垂垂大帝國波斯，乃出乎時人意料。其實，在彼邦古文明中，雙子河流域的野蠻民族亞述人便打敗文化深遠，精曉天文古奧學識的巴比侖人。亞述人只懂打殺，擄人勒索巨額贖金，當然國運不能長久，恍若彗星跨空，一瞬而逝。

在印度次大陸，幾千年前，遊牧的雅利安族其中一支東移，與原居印度，已步入農業社會的黑色矮人爭雄。大約花了五百年時間把他們徹底征服，成了印度的主人。更遠一點，七千年前已有高度文化的埃及人，先後被多個不及他們文明的民族征服。高文明國家被低文化民族征服，似乎是不易定律，這種現象，已引起近世紀一些學者注意。

歷史形態學

在歷史學範疇，百年來有歷史學家用一種宏觀的角度來觀察人類歷史文化的發展，發現人類不同的文化，有共同的發展過程和形態。這是學術史上的創舉，叫做「文化形態史觀」，又叫做「歷史形態學」。

最先建立歷史形態學的是德國人斯賓格勒（O．Spengler），繼之有英國的湯因比（A．J．Toynbee）。在中國，三十年代雲南大學林同濟先生和任教國立西南聯大的雷海宗先生對此亦極有研究。他們的研究，指出文明及民族發展的必然步伐，怎樣由生長、盛、衰而滅亡。斯賓格勒在其著述《西方沒落》中曾舉出七種文化形態，都經歷此種必然的步伐；湯因比則在其《歷史研究》中舉出二十一種文化形態的進展，過程全部逃不過這個定律。

林同濟與雷海宗是中國人，熟知中國歷史，他們以中國歷史作研究素材，竟然有驚人發現：第一點是中國文化形態的進展亦不例外，經歷了生長、壯大、衰敗以至滅亡。第二點卻是中華民族的文化，竟然是例外地在滅亡之後可以再生，其他的文化滅亡後便在地球上消失，甚而連民族最後也消失了。最明顯的例子是古埃及文明和古埃及民族，而現在的埃及人，其實是阿拉伯裔人。

歷史形態學的學者舉出的文化體系包括埃及、巴比倫、印度、中國、希臘羅馬、回教及中古以後的歐西文化，而皆認為世界上唯一尚未走完文化路程的是歐西文化體系（算自文藝復興開始）。在中國，文化歷程獨具二周。漢人文化從殷商時代起至五胡亂華止走完一周歷程，但由於中國文化獨特結構和剛巧受到外來思想的刺激，再從南北朝隋唐起至清末再經歷一次文化生滅歷程。這是人類歷史前所未有的奇蹟。其他文化一經走完歷史形態路程，便一蹶不振，永不再起，只有中國文化例外，這亦使到一些外國知識分子對中國人疑驚疑懼，恐怕他們終有一天被漢人征服。遂抱有敵視中國人的疑惑。

其實，中國人在歷史形態進展的角度剖視下，中國正處於史無前例的時代，其一是中國人已展開第三次文化周期之始，其次是中國文化進展的舞台一向只在赤縣神州，如今卻踏入世界大舞台，深受國際的影響。中國究竟會受到外來文化的吞噬，或是可以再走一次文化歷程，創造出璀璨的文化國度，應是現代知識分子最注重的課題。

文化發展五種階段模式

研究者將文化進程分作五個階段，統而稱之為封建時代、春秋時代、戰國時代、大統一時代和衰末時代。這裏每個時代的久暫因文化個體不同而異，大致每個時代都有二三百年至六七百年的歷史，如果是小民族，可能一二百年便走完五個階段。

學者從各階段特徵作出比較，研究的元素包括當時的政治社會階級結構、土地利用及經濟發展、戰爭與軍隊的組成、宗教哲學發展及人民精神狀態。各階段均有至為明顯的特色，即使一二有識之士在當時提出警告欲挽狂瀾，若大勢氣候已成，亦於事無補，衰落乃至滅亡仍無可避免。

歷史形態學是一門學問，當然無法在數千字裏說得細緻詳盡，只能介紹其精神要概，對從未聽到這種說法的人，或會大有啟迪，引發深思。今以中國文化發展路程名稱試為析述。

封建時代

文化歷程第一階段是封建時代，這階段的時間比較長，大致是小國寡民安穩的時代。政治上主權分化。最高的政治元首只不過是共主，只管轄土地中王畿，其下諸侯在轄地內各自為政，卿大夫采邑維持半獨立狀態。卿大夫又將權力分散於家臣手中，政治主權一層層分化。在這個時代，每一個人在社會上的地位、等級、權利與工作責任，以至衣食住行，一般日常生活方式都是由公認的法則指定，階級是世襲的，階級間的界限森嚴。

封建時代的土地都是采地而非私產，不能自由買賣。在精神生活方面，封建時代是宗教的天下，宇宙間充滿神祇，一般人對神靈既恐懼，又依賴，或敬愛。國家每種大典或個人婚喪生育以至團體例行事務，幾乎都被宗教訂下來的守則規範，處於比較溫和的時代。

春秋時代

封建時代的晚期，中央共主權力低落漸而成傀儡，最後被消滅。貴族中卿大夫向上奪權，但列國內部卻主權集中，平民可以升格為貴族，自由買賣風氣開始盛行，邦國地方戰亂減少而趨向國際間戰爭。戰爭以正面攻擊為主，死傷不多。在不礙國家利益的前提下，禮待國外競爭者，社會中出現俠義精神，禮義行為受到歌頌。國際講求平衡與均勢。民間則開始富有。

在精神生活方面，宗教仍佔重要位置，出現理想和各種主義，探討宇宙和人生的問題而創造出偉大的學說。偉人、聖哲都在這個時代相繼出現，社會充滿進取的朝氣。

戰國時代

春秋時代後期，社會出現驚天動地的大變化。無論在政治、社會形態、經濟、軍事及思想上都出現突變。在政治上，治國的貴族被推翻，平民逐漸參與政權，一方面社會平等擴大，實則政治領袖變得更為獨裁。社會上國民的身分不再受到規劃，自由經濟發展帶來土地上的巧取豪奪，人民中出現暴貧暴富的現象。

戰國時代的特色在一「戰」字。全民平等後各國（勢力）都行徵兵制，全民皆兵。國際間趨向大規模的戰爭，對降卒與俘虜常加以殘酷、不人道的大批殺戮。戰爭的目的是慘酷的殲滅戰，以徹底消滅對方為目標，不像春秋時代一分勝負便停手。例如秦將白起一夜坑殺趙降卒四十萬。戰爭的手段無所不用其極，再沒有昔日的注重禮義宣戰和禮待敵人。全國國民的力量直接或間接投入備戰狀態。

在思想精神上，學說趨於派別分野及爭拗，再沒有百家爭鳴，互補長短研究的沖和氣象。發展到後期開始拑制思想，當政者認為不利國家的言論都被禁止。在殘酷戰爭淘汰下，只餘幾個大國。

大統一時代

在中國，第一次大統一時代是秦代，這是戰國時代各國爭雄最後的結果。從外表看來國家民族進入最輝煌時代，武功鼎盛，人民亦應最幸福。但這個時候政治必然專制，當政者的隨從助手，制定規則去替天下人解決一切問題，個人生存問題基本解決。然而人心疲倦，精神散渙空虛，民眾已失去勵進精神，好講權利而忽視付出。天下大致安定而內亂難免。國力重點轉移向疆土以外擴張勢力，東征西討，連邊鄙夷狄小國亦要其慕化歸順。國勢發出最強光芒。

由於國民尚武刻苦精神鬆退，亦失去豐富文化生活，追求物質的享樂。青年人萎靡風氣普遍，沒有人願意犯險當兵，徵兵制不能維持，只有開始募兵，最後沒有人願意執干衛國，募兵也困難，只有強徵囚犯奴隸當兵，或召募遠方落後民族當兵。軍隊質素下降，種下腐敗種子。

此時學術思想文藝都急劇退步，趨於單調。知識分子或流於偏激與政府衝突。文人會受到迫害而喪失創見，精力只能用於解釋過去的學術思想，真正的哲學消滅。

文化進程最後一環是衰末時代。大統一的輝煌之後是衰老和墮落，人心空虛疲憊，只有等待滅亡。

衰末時代

大統一後期帝國趨於破裂，政治日益專制腐敗，發展至社會瀰漫極端的個人主義，自私自利變成社會的原動力。道德被鄙視，以個人利益最重要，精神生活空虛而消極，宗教及邪說則流行，人生於世似乎除了縱情享樂便失去意義，人民再沒有為明天而努力的心態，或者乾脆等待末日的來臨。衰末時代或長或短，內患先起，外侮一至便崩潰而為外來蠻族消滅。

中華文明例外　沒落再起

中國文化發展也脫離不了這個定律，但奇怪之處竟然例外發生起滅兩周，為世上其他民族所無。第一次是商周的封建時代至秦的統一到西晉五胡亂華。第二次起自南北朝隋唐至清末共和誕生、西洋文化東漸再燃生機。

中國能在第一次周期末頹敗中再生，有學者認為因佛教文化適時傳入光大而致。當然這是一個重要的因素，但筆者認為，南北朝山東等地漢族高姓門閥仍然保持中國固有道德文化的傳統、有極重要的關係。但其中真正原因，現在尚未有公論。

至於文化形態第二周期亡於清末而第三周即再起，有論者認為當漢學考據殘破，尸居餘氣，適逢新科學從西方傳入，帶起文化形態發展再一次新生，但筆者認為中國文化二周走完之時，剛因中國步入世界舞台，而賦予中國文化新生命是主要原因，情況如第一周期後佛教思想東來相似。真相究竟如何，仍有待學者探討。

民族強大要素

在上列五種文化形態中，社會最文明而充滿朝氣的是春秋時代。亦公認是人類智慧發展的至輝煌階段，生命在斯時會感到有意義和上進，充滿希望。最殘酷是戰國時代，人活着陷於爭鬥的漩渦，為了取得勝利，許多時候要抛卻道德和良心，勇於爭鬥而不能享受成果。大統一時代空虛，衰末時代則絕望。雖然論調悲觀，幸好其中都有許多空間，留給人們喘息和爭取滿足。

從上面的說法我們可以知道，政府的責任是領導民眾，追求豐富的精神文化生活比追求物質生活更為重要。大統一時代可予人豐盛的物質生活，但是精神空虛，愈快趨導滅亡。同時可以看到一個國家，一個民族戰鬥力的重要性。處身戰國時代，沒有戰鬥力即表示隨時接納滅亡。而尚武的精神應是出自道德的，就是為抛棄個人利益，為民族而勇於犧牲。當一個國家由徵兵制轉為募兵制時，其實對國運已響起了警號。

今日西方文化進程現象

如果對歷史形態學有個概略的認識，再環顧當今世上各大國的形勢，不難發現一些有趣的現象。

現今西歐的文化文明，應始自中世紀文藝復興時代，在第二次世界之前，差不多走到戰國時代的末期，要不是美國突然在美洲崛起，極可能在德國納粹主義旗下完成大統一過程，之後便會出現老化的局面。惟美國兩百多年前在富庶的美洲立國，由於許多不同因素使之在兩百年內迅速壯大，再承西歐文化而發展，美國自己國內跳躍到今日大統一時代階段。讀者若自行比較一下各階段主要特徵，應發覺此言不虛。

當然，沒有百分百的相近，但今日美國人刻苦尚武精神已漸漸褪色，極大多數人民不願當兵衞國，個人主義膨脹，只愛追求物欲享受，人心疲倦，精神找不到依憑是極普遍的現象。美國現在沒有東征西討去征服鄰國，但美國的國際警察心態，企圖要全世界政權都俯首受其影響的努力已昭然若揭。美國的問題不是來自國外的力量，而是國內民族間衝突，家庭關係疏離，人倫關係淡薄。人民思想普通自大、自我催眠腐蝕國魂。

中國步入第三次周期　殊堪研究

中國又如何呢？中國在第一次世界大戰時可算已參與世界事務，但此後幾十年來只不過像掀開世界舞台的幔幕。自一九七八年改革開放以到加入世界貿易組織，才算是積極參與世界舞台。

中國與世界各國之緊密關係、今後當有極大程度之躍進亦可預見。

如果中國文化形態是第三周之初，卻湧現封建時代後期特色，就是更新許多制度及更新廣大國民的生活形態。新局面的出現把形態帶入春秋時代的初期，只要沒有巨大的天災人禍，中國的國運可說正欣欣向榮。同時，中國的茁壯，亦引起其他國家的疑懼。

各地域文化形態的發展儘管各有不同，而在整個世界大舞台中，卻正是春秋時代的初期，可以說是與中國的國運同步。科學昌明使地球相對地縮小。現在很難認為在國家之外有四夷蠻族，也很難要顧慮蠻族終有一天摧毀我們的文化。歷史給我們寶貴的教訓，卻是國家民族要保存其精勵上進的元氣，在追求物質文明之後，要人民有豐富繁榮的精神生活。

筆者好思好問，可惜識學不足，找尋不到只有中國文化形態可以重生的真正答案，只認為或許是因中華民族重視五倫關係，和重視家庭家族觀念而致。中國人有可以為家族犧牲的精神，以國民為榮，個人拚發的精力，也在於奮振家聲和光宗耀祖的共識傳統。周代的銅器，多刻有「子子孫孫永寶用」的字句，就是家族主義最清楚的表現，無論這種猜想是否正確，元素一定在優秀的中國傳統文化之中。

中國人在踏進世界舞台後，向前看之餘，也一定要向祖國的傳統文化回頭望望。

按：本文乃一九九八年十月在香港大會堂海德公園演講之講稿，今修撰而成。

□ 責任編輯：宮　奇
□ 裝幀設計：霍明志
□ 排　版：陳小巧
□ 印　務：林佳年

燭光下的歷史

□

著者

楊興安

□

出版

中華書局（香港）有限公司

香港北角英皇道 499 號北角工業大廈一樓 B
電話：(852) 2137 2338　傳真：(852) 2713 8202
電子郵件：info@chunghwabook.com.hk
網址：http://www.chunghwabook.com.hk

□

發行

香港聯合書刊物流有限公司

香港新界大埔汀麗路 36 號
中華商務印刷大廈 3 字樓
電話：(852) 2150 2100　傳真：(852) 2407 3062
電子郵件：info@suplogistics.com.hk

□

印刷

美雅印刷製本有限公司

香港觀塘榮業街 6 號 海濱工業大廈 4 樓 A 室

□

版次

2019 年 11 月初版

□

規格

32 開（148 mm × 210 mm）

□

ISBN：978-988-8573-99-8